Par Dr. D. K. Olukoya

UNE VIE DE VICTOIRE

Par
Dr Daniel Olukoya

UNE VIE DE VICTOIRE
©2011 Dr. D.K.Olukoya

Une publication des :
Ministères de la Montagne de Feu et des Miracles.
13, Olasimbo Street, off Olumo road (UNILAG second gate)
Onike, Iwaya. Lagos. Nigeria

ISBN : 978-978-8424-64-2

Tous droits réservés.
Aucune partie de cette publication (édition) ne peut être reproduite, ni enregistrée dans les systèmes de recherche documentaire, ou retransmise sous une forme quelconque par n'importe quel moyen, mécanique, électronique, photocopiant ou autre sans autorisation écrite antérieure de la maison de publication.

Pour de plus amples détails ou l'obtention d'une autorisation, adressez-vous à :
Email: pasteurdanielolukoya_french@yahoo.fr
mfmhqworldwide@mountainoffire.org
Ou visitez le site: www.mountainoffire.org
http://mfmbiligualbooks4evangelism.blogspot.com/

Par Dr. D. K. Olukoya

Table de matières.

Introduction.. 4

Chapitre 1 :
les enfants d'Abraham dans les problèmes (1)............ 5-26

Chapitre 2 :
les enfants d'Abraham dans les problèmes (2)............ 27-43

Chapitre 3 :
destruction des masques sataniques 44-69

Chapitre 4 :
quand vous êtes attaques 70-83

Chapitre 5 :
les secrets de la domination.................................. 84-105

Conclusion : 106-118

INTRODUCTION

L'objectif de ce précepte est que Dieu t'ouvre les yeux à certaines vérités profondes qui transformeront totalement ta vie et fera de toi une personne exceptionnelle. Ce thème « une vie de victoire » résout beaucoup de situations. Il peut faire une grande différence entre vivre ou mourir, jouir de la victoire ou souffrir de la défaite, vivre sous une pauvreté noire ou jouir d'une richesse formidable. Ce livre démontre que certains hommes peuvent exploiter les corps célestes contre les enfants de Dieu. La connaissance de la vérité de la Parole de Dieu établira et rétablira bien de choses dans ta vie pendant des jours, des mois et des années à venir. Tu ne subiras plus le règne du monde surnaturel. Biens aimés l'ignorance tue, fait souffrir, participe aux défaites pourtant la connaissance enrichit et protège. Tant que les chrétiens resteront dans l'ignorance le mal pourrait triompher sur le bien.

Par Dr. D. K. Olukoya

Chapitre 1

les enfants d'Abraham dans les problèmes (1)

Bien-aimé, dans ce livre, nous regardons la première partie du message intitulé, "les enfants d'Abraham dans les problèmes." Nous prierons pendant que nous continuons dans ce message.

Luc 13:11 : "Et voici, il y avait une femme possédée d'un esprit qui la rendait infirme depuis dix-huit ans ; elle était courber et ne pouvait pas du tout se redresser." Cela signifie qu'une maladie peut être alimentée par un esprit et dans ce cas, les docteurs sont pratiquement impuissants puisque leur connaissance peut seulement traiter le physique et non le spirituel. L'application d'une solution physique à une maladie spirituelle va seulement empirer la situation, puisque le traitement physique agira seulement comme un engrais pour renforcer le problème. Cela peut aussi aboutir au fait que la victime acquière un nouveau démon qui peut l'emmener dans une dépendance de médicament. Si vous avez une infirmité dans votre corps, vous avez une merveilleuse occasion de traiter contre elle, car Dieu ne conçoit pas d'infirmité pour ses enfants, parce qu'Il sait qu'ils ne pourront pas le servir avec l'infirmité. Bien qu'avoir l'esprit d'infirmité ne disqualifie pas quelqu'un de l'accès au ciel, mais il va ravager son corps ici sur terre. Vous ne pouvez pas faire grand chose pour le Seigneur avec un corps malade. L'infirmité peut ravager votre corps pendant que votre esprit peut aller au ciel. Faites donc une prière d'autorité comme ceci :

1. Je chasse tout esprit d'infirmité, au nom de Jésus.

2. Tout propriétaire d'infirmité, prend ton fardeau, au nom de Jésus.

La femme dans notre texte était tourmentée par l'esprit d'infirmité pendant 18 ans. Fermez vos yeux et faites les prières suivantes :

1. Toute infirmité de longue date, je détruis tes pieds par le feu, au nom de Jésus.

2. Je refuse de vivre avec une maladie quelconque, au nom de Jésus. A

Par Dr. D. K. Olukoya

Les docteurs ont certainement des noms pour toutes les maladies, y compris les spirituels. Luc 13 : 12 : "Lorsqu'il la vit, Jésus lui adressa la parole, et lui dit : femme, tu es délivrée de ton infirmité" Jésus pouvait voir la corde avec laquelle elle était liée et il l'a délié. Versets 13 - 16 : "Et, il lui imposa les mains. A l'instant, elle se redressa et glorifia Dieu. Mais le chef de la synagogue, indigné de ce que Jésus avait opéré cette guérison un jour du sabbat, dit à la foule : il y a six jours pour travailler ; venez donc vous faire guérir ces jours et non pas le jour du sabbat.
Hypocrites ! lui répondit le Seigneur, est-ce que chacun de vous, le jour du sabbat ne détache pas de la crèche son bœuf ou son âne, pour le mener boire? Et cette femme, qui est **une fille d'Abraham**, et que Satan tenait liée depuis dix-huit ans, ne fallait il pas la délivrer de cette chaine le jour du sabbat?"

Ses adversaires n'étaient pas dérangés de sa situation critique, mais étaient plutôt concernés par le fait que la loi avait été brisée. Ils voulaient juste que les gens soient guéris du lundi au vendredi, mais pas le jour du sabbat. Ils étaient des ennemis à l'intérieur de l'église! Je prie que ceux qui ne sont pas content de ton progrès soient disgraciés, au nom de Jésus.

Bien-aimé, la chose intéressante ici, est que cette femme était une fille d'Abraham mais elle était dans la servitude par une corde invisible. Par une grande foi en Dieu, son père spirituel, Abraham, a été faite une source de bénédictions pour le monde entier et elle, comme plusieurs aujourd'hui, a du s'approprier des bénédictions pour elle. Malgré cela elle était toujours dans la servitude.

Abraham n'avait pas accès à des références et études Biblique comme nous les avons aujourd'hui. Il n'avait ni Bible informatisée, ni exemple à suivre, cependant il a exercé un haut niveau de foi qui a même poussé Dieu à faire de lui une source de bénédiction pour le monde entier. C'est pourquoi les gens dans le monde entier ont tendance à s'approprier des bénédictions d'Abraham. Mais alors, qui sont les enfants d'Abraham?

Par Dr. D. K. Olukoya

LES ENFANTS D'ABRAHAM

Galates 3:6-16 : "Comme Abraham crut à Dieu, et que cela lui fut imputé à justice, reconnaissez donc que ce sont ceux qui ont la foi qui sont fils d'Abraham. Aussi les écritures prévoyant que Dieu justifierait aussi les païens par la foi, a d'avance annoncé cette bonne nouvelle à Abraham : Toutes les nations seront bénies en toi ! De sorte que ceux qui croient sont bénis avec Abraham le croyant. Car tous ceux qui s'attachent aux œuvres de la loi sont sous la malédiction ; car il est écrit : Maudit est quiconque n'observe pas tout ce qui est écrit dans le livre de la loi, et ne met pas en pratique. Et que nul ne soit justifié devant Dieu pas la loi, cela est évident, puisqu'il est dit : le juste vivra par la foi. Or, la loi ne procède pas de la foi ; mais elle dit celui qui mettre ces choses en pratique vivra par elles. Christ nous a racheté de la malédiction de la loi étant devenu malédiction pour nous, car il écrit : Maudit quiconque est pendu au bois, afin que la bénédiction d'Abraham eût pour les païens son accomplissement en Jésus Christ, et que nous reçussions par la foi l'esprit qui avait été promis. Frères (je parle à la manière des hommes), une disposition en bonne forme, bien que faite par un homme, n'est annulée par personne, et personne n'y ajoute. Or les promesses ont été faites à Abraham et à sa postérité. Il n'est pas dit : et aux postérités comme s'ils s'agissaient de plusieurs, mais en tant qu'il s'agit d'une seule : et à ta postérité, c'est-à-dire Christ. "Verset 29 :"   Et si vous êtes à Christ, vous êtes donc la postérité d'Abraham, héritiers selon la promesse."

Ceux qui sont dans la maison de la foi, qui appartiennent à Christ, sont les enfants d'Abraham. Donc si vous n'avez pas la foi d'Abraham vous ne pouvez pas prétendre appartenir à Abraham. Et si vous êtes la postérité d'Abraham, vous vous comporterez comme lui. Dieu destine tous les chrétiens à devenir la postérité d'Abraham et hériter ses bénédictions. La femme dans notre texte appartenait à Abraham mais elle était dans la servitude. La même chose est vraie pour la plupart des chrétiens aujourd'hui. Beaucoup d'enfants d'Abraham sont liés. Leur situation pourrait être assimilée à l'histoire d'un gorille qui a été mis dans une cage pendant des années. Les ennemis de la bête l'ont visité et y ont jeté des pierres. Ses amis sont venus aussi pour lui donner des bananes. Il a continué à vivre comme cela pendant longtemps jusqu'à ce qu'un Blanc se soit présenté pour l'acheter. Son offre a été accepté et il l'a pris de la cage et l'a conduit dans un bon environnement à aimer pour jouir de la liberté. Mais à la stupéfaction du Blanc, le gorille ne pouvait pas vivre sa liberté parce qu'il avait été habitué à la prison dans la cage.

Une personne dans la servitude ne peut pas jouir des bénédictions d'Abraham. La Bible nous dit que les bénédictions d'Abraham s'étendent à notre prospérité physique et matérielle. Si l'esprit est malade, la maladie affecterait le physique et cela explique pourquoi le diable est d'abord intéressé par la dévastation de l'intérieur d'un homme. En sachant parfaitement que quand l'intérieur est pollué, tout ce que vous faites avec vos mains sera également affecté. Les affaires spirituelles, physiques et matérielles sont les trois secteurs communs dans lesquels une personne peut être dans la servitude.

Une personne peut être sous l'emprise des médicaments ou de la dette : la servitude est la servitude. Il n'y a aucune petite servitude. Mais quand vous opérez dans la foi d'Abraham, les gens peuvent vous considérer comme des fanatiques, ils peuvent estimer que vous ne tolérez pas les autres. Mais quand vous commencez à récolter les bénédictions, ils commencent à se demander comment c'est arrivé. Un homme a une fois raconté l'histoire d'un collègue à son lieu de travail qui était un fanatique de prière. Il a dit qu'il utilisait toujours sa pause pour prier tandis que les autres étaient à la cantine ou faisait autre chose. Alors les choses ont commencé à se produire : il est devenu un superviseur. Puis il est devenu un directeur. Finalement, il a démissionné et un jour il est venu voir ses anciens collègues dans une grande voiture. Il priait toujours tout le temps ! Mais les gens appellent souvent ceux qui prient comme ça des fous. Ceux qui opèrent dans la foi sont appelés les fous parce que la foi n'est pas logique. Quiconque vient à Dieu avec l'espérance de recevoir de Lui doit tout d'abord oublier toutes ses connaissances.

Par Dr. D. K. Olukoya

Ce que la foi essaye de faire peut parfois être illogique, déraisonnable et non scientifique.
Quand, j'étudiais à l'étranger, nous avions l'habitude de nous réunir dans le mouvement des étudiants Christian chaque vendredi pour la communion. Nous avions l'habitude d'inviter les hommes de Dieu qui venaient nous prêcher. Un jour, un homme a été invité, quoiqu'un Blanc, son teint montrait qu'il avait été terriblement affecté par le soleil.

Quand il a commencé à rendre ministère il a dit : "savez-vous qu'il y a une sorcière particulière qui va dans toutes les églises de cette ville déverser des malédictions ?" Le Blanc assis à mon côté s'est exclamé : "c'est scandaleux." Mais j'ai admis en moi que cet homme avait compris, bien que ce fût la première fois que j'entendais un Blanc mentionner le sujet de sorcellerie. Il nous a alors demandé de faire une prière de groupe, que nous n'avions pas l'habitude de faire. Quand la prière a commencé, la confusion s'est ensuivie. La dame qui a mené l'adoration et la louange était la première personne à être touchée. Nous pouvions voir que cet homme avait le touché de puissance. Cet homme nous a raconté ce qui est arrivé dans une zone rurale de l'Inde qui était très loin d'un hôpital. Un serpent a mordu un homme et dans la perplexité de la situation un homme est sorti de nulle part et a commandé que le poison du serpent sorte, au nom du Seigneur. Immédiatement, le poison a commencé à couler. Cet homme a dit que bien qu'il ait été un Chrétien depuis longtemps, Il a été énormément défié par la foi de Chrétien Indien.

Dieu a demandé à Abraham de sacrifier Isaac, son fils, qui était son trésor le plus cher et l'espoir de l'avenir. Il n'a pas résisté à Dieu car il savait que c'était Dieu qui lui avait donné ce fils et pouvait donner un autre Isaac par la résurrection. C'était même Abraham qui avait plaidé avec Dieu quand Il voulait détruire Sodome et Gomorrhe. Il n'a même pas dit à Sarah, ni Isaac lui-même ou à ses serviteurs ce qu'il avait conclu avec Dieu. Cela aurait été qualifié de folie pure par ses gens. Il n'y a rien de

Par Dr. D. K. Olukoya

qualifié de mauvaises nouvelles pour une personne qui marche dans la foi. Les mauvaises nouvelles constituent un défi à notre foi et comme nous avançons dans la foi, nous avons le courage de mettre Dieu à l'épreuve avec les grands problèmes qui viennent sur nos voies. Beaucoup de personnes prient contre le cancer, mais ne réussissent pas à traiter le simple mal de tête. Beaucoup de personnes prient pour que Dieu enlève tout obstacle sur leurs chemins, mais ils oublient que cela fait d'eux des soldats paresseux et bon à rien pour Dieu.

Quand j'étais à l'école primaire, j'étais toujours tapé par les adultes. Et comme je continuais de me plaindre, quelqu'un m'a encouragé à résister chaque fois qu'ils venaient m'attaquer. Un jour, un adulte m'a défié et j'ai plongé mes doigts dans ses yeux pour qu'il ne puisse pas voir. Alors je l'ai porté et l'ai jeté au sol et me suis enfouis. A partir de ce jour il a gardé sa distance vis à vis moi. Qu'ai-je fait pour me délivrer ? J'ai plié mes poings et ça marché. Cela soutient l'hypothèse que la meilleure méthode de défense est l'attaque. Dieu n'a pas appelé Ses enfants à être harcelé par l'ennemi.

Pourquoi les enfants d'Abraham sont-il toujours dans les problèmes ?

1. **Le péché** : les enfants d'Abraham sont mariés au péché. Et puisque M. Péché est le mari alors que le pécheur est la femme, une mauvaise alliance est formée. M. Péché va continuer à forcer le pécheur à pécher régulièrement. Aussi longtemps que le mariage est en place, les problèmes continuent d'avoir un livre accès dans la vie du pécheur.

Je suis allé prêcher quelque part une fois et on m'a emmené un garçon de 16 ans pour que je prie pour lui. Son problème était qu'il était accroc aux prostituées. Il avait volé près de quarante milles naira à sa mère pour payer les prostituées. Il m'a dit qu'il était au Lycée et qu'il était né de nouveau. Mais là, il y avait un chrétien né de nouveau dont la vie avait été endommagée par le péché de l'immoralité. Il était si dévasté, au point où ses parties intimes étaient rempli de toutes sortes d'ulcère. Malgré ça, il maintenait qu'il ne pouvait pas arrêter d'aller chez les prostituées. C'est l'exemple d'une vie, mariée au péché.

Quelques fois, quand vous donnez des points de prière aux gens et que vous leur demandez de rester loin de la colère s'ils veulent la réponse aux prières, ils disent qu'ils ne peuvent pas le garantir. C'est parce qu'il y a un mauvais mariage en place. Si vous enlevez le problème du péché de la Bible, il n'y aura aucune Bible et il n'y aurait pas besoin de Sauveur pour venir au monde pour se sacrifier pour l'humanité. Vous pouvez suivre beaucoup de cours Biblique, mais si le péché n'est pas traité dans votre vie, toute la connaissance que vous pouvez avoir ne servirait à rien. Tous vos sujets de cours seront de simples théories. C'est pourquoi la Bible dit que les gens éviteront des enseignements sains dans les derniers jours et feront des professeurs.

2. **L'Ignorance** : la deuxième raison pour laquelle, les enfants d'Abraham ont des problèmes est l'ignorance. Osée 4:6 : "Mon peuple périt faute de connaissance." Cela ne se réfère pas aux sataniques, mais le peuple de Dieu. Si Samson avait su que les genoux de Délila engendreraient sa perte, il se serait

enfui. Une personne peut être si stupide dans l'ignorance au point où Dieu trouvera difficile de l'aider. J'ai dit à une sœur il y a 13 ans qu'elle avait besoin d'aller pour des soins de délivrance. Elle m'a dit qu'elle ne croit pas à la délivrance parce que son église ne le prêchait pas. Elle a dit une fois que vous avez cru et vous êtes nés de nouveau, vous êtes automatiquement délivrés. À ma surprise, elle est revenue 13 ans après disant qu'elle avait besoin de la délivrance. Pendant ces 13 ans, elle souffrait à cause de l'ignorance.

Une autre dame restait avec son mari en Angleterre. Un jour, elle a fait un rêve où une blanche est venue lui prendre sa robe de mariée et son alliance. Quand elle a raconté l'histoire à son mari pendant le petit-déjeuner le matin, il l'a considéré comme une invention de son imagination et rien n'a été fait à ce sujet. Mais avant la fin de la semaine, une blanche avait déjà pris sur sa maison et elle s'est retrouvée au Nigeria! Pourquoi ? L'Ignorance. Si lors de son réveil de ce rêve, elle avait immédiatement prié pour renverser le rêve, ce qui lui est arrivé aurait été évité.

Bien qu'elle soit née de nouveau, elle n'a pas su comment traiter contre ce rêve, il n'y avait rien que le Tout-puissant pouvait faire dans cette situation. Même la Bible dit que beaucoup de personnes exhibent l'ignorance volontaire. Je prie que Dieu ait pitié de telles personnes.

3. **L'Infraction à la loi de foi** : Cela peut aussi mener les enfants d'Abraham dans l'esclavage. Quand vous violez les lois de la foi, les promesses d'Abraham ne s'accomplissent pas. Que signifie violer les lois de foi ?

i. La foi doit être enracinée dans la parole de Dieu et pas dans votre cerveau ou ce que vous pensez ou ce que vous ressentez ou sur votre opinion personnelle.

ii. La foi doit être confessée par la bouche. La Bible dit, "Si quelqu'un dit à cette montagne, ôtes toi de là et jettes-toi dans la mer et ne doute point, mais croit que ce qu'il dit arrive, il le verra s'accomplir," Dieu a dit, "Que la lumière soit." Dieu a parlé et les choses ont commencé à arriver.

iii. La foi doit être aveugle aux circonstances opposées. C'est-à-dire vos circonstances peuvent sembler hostiles et défavorables, mais vous devez en être aveugles.

iv. La foi ne doit pas être par la vue. La Bible dit, "Nous marchons par la foi et non par la vue." Une fois que vous permettez ce que vous voyez de vous mouvoir, la foi saute par la fenêtre de votre vie.

v. La foi doit continuellement donner des louanges à Dieu. Quand une personne est toujours pleine de louanges et des reconnaissances à Dieu, sa foi sera au sommet. Ne dites pas, "Pourquoi dois-je le louer quand Il n'a rien fait pour moi." Un pasteur a une fois parlé d'un chrétien qui était toujours reconnaissant à Dieu et donnait de manière sacrificielle à Dieu. Ce chrétien avait une activité de sel. Un jour, une grande inondation a emporté son grand stock de sel. Quand son pasteur a entendu parler de cet incident malheureux, il a eu peur de le visiter parce qu'il pouvait à peine trouver les mots de la Bible pour le consoler et l'encourager. Mais comme il a pris son courage pour le visiter, il a trouvé à sa stupéfaction, l'homme et les membres de sa famille en plein réjouissance. Il a dit, "Pasteur, ne vous inquiéter pas. Dieu a emporté mon stock de sel pour faire la place à un plus grand." Donc, quand le diable voit que les gens sont toujours heureux et se réjouissent dans une famille donnée, il part en courant. Mais s'il trouve autre chose, il plante sa tente chez eux.

vi. La foi ne fait pas de confessions négatives. Quelqu'un qui marche par la foi ne confesse pas de choses négatives sur lui. Il ne dira pas, "Oh, ce mal de tête, ou cet asthme me tuera." Non. Vous devez dire de bonnes choses dans votre vie et croire que tous les problèmes sont partis avec Christ sur la croix. L'une des voies par laquelle, la plupart d'entre nous démolissent ce pays est par nos confessions. La dernière fois, j'étais dans une banque, j'ai entendu une femme dire, "Oh, ce pays est fini," simplement parce que l'agent bancaire s'est plaint que sa signature étant irrégulière. Elle a oublié que nous vivons toujours dans ce pays, qu'on le veuille ou pas et si c'est bon, nous en jouirons et si c'est mauvais, c'est à notre désavantage. Pourquoi devons-nous détruire le pays avec nos bouches ? La prononciation des mots comme "bâtard", "votre idiot de père arrivera bientôt," "l'imbécile," "l'idiot", etc., à vos enfants, leurs fera se comporter exactement comme tel.

vii. La foi n'entretient pas de mauvaises pensées. Certaines personnes envisagent le suicide comme le moyen d'échapper aux problèmes de ce monde. Un frère m'a parlé d'un Chrétien qui s'est suicidé au Zimbabwe et les gens ont commencé à se demander comment un Chrétien pouvait prendre sa propre vie. Mais le Zimbabwe est l'un des enclaves des hommes blancs dont la particularité est de se suicider. Donc ils ont dit au frère nigérian que la victime était partie au ciel jouir de la paix qu'il ne pouvait pas trouver sur la terre. Une personne qui prie ardemment pour un voyage sans accident et qui commence ensuite à penser négativement du voyage, n'agit pas dans la foi.

viii. Hébreux 6:12 : "En sorte que vous ne vous relâchiez point, et que voue imitiez ceux qui, par la foi et la persévérance, héritent des promesses." Selon ce passage, la foi doit être mariée à la patience. Une des vertus les plus grandes que Dieu donne à l'homme est la patience. Beaucoup de personnes veulent aller plus vite que leurs jambes ne peuvent. Certains veulent faire le 100 mètres alors qu'ils rampent toujours. Vous devez être patients pour permettre à Dieu de trier votre vie. Vous pouvez dire que votre demande tarde à venir. Bien, c'est peut être que Dieu veut enlever quelqu'un dans cette société pour vous ou Il peut tout d'abord vouloir fermer la bouche des lions qui sont envoyés là par l'ennemi pour vous attaquer. Quand vous plantez du maïs, vous ne le déterrez pas chaque matin pour vérifier comment il pousse. Si vous faites cela, le maïs ne poussera pas. Vous devez exercer la patience avec.

ix. La foi n'abandonne pas. Si vous êtes un enfant d'Abraham, vous n'abandonnerez pas. J'ai été témoin de beaucoup de situations impossibles dans ma vie, que le Dieu d'Abraham, Isaac et Jacob a tourné autour. C'est le Dieu auquel Elie a fait appel au Mont Carmel et Lui répondu par le feu.

x. La foi doit résister au découragement et la crainte. C'est pourquoi vous ne devez pas avoir des amis peureux et découragés, sinon vous avez un travail à faire. Si votre foi est soumise au découragement et la peur, ce n'est pas le genre de foi d'Abraham, mais la foi de Thomas. Thomas a dit, "Sauf si je m'approche de lui, pour voir le trou des clous dans ses mains et y mettre mon doigt, je ne croirai pas." Et c'était une chose honteuse pour lui quand il a vu Jésus, car Jésus lui a déclaré que bénis sont ceux qui croit sans avoir vu. La foi de Thomas est synonyme de celle des docteurs modernes et scientifiques qui croient en observant et par l'expérience.

xi. La foi doit être externalisée pour marcher. Peut-être une illustration servira pour l'expliquer : une femme dans la Bible a décidée de ne pas être distrait par la foule. Elle a dit, "si je peux toucher le pan de Son vêtement, je serai guéri" Elle a démontré sa foi et a reçu son miracle sans "permission". Mais Jésus savait ce qu'elle avait fait, parce qu'Il était conscient de la vertu qui est sortie de Lui.

xii. La foi est alimentée par la parole de Dieu, mais dénudée de la parole du diable. Le diable est le meilleur prédicateur. Donc si vous l'écoutez, la foi en vous sera enlevée. Il dira, "vous voilà, ceux qui sont dans le ministère avec vous sont partis avant que vous n'arriviez là," "Malgré votre beauté, vous attendez toujours et priez pour vous marier. Pendant combien de temps le feriez-vous." Si vous l'écoutez il vous détruira.

xiii. La foi ne pleure jamais, ne bougonne ou ne se plaint. Vous ne devriez pas devenir un Jérémie moderne.
xiv. La foi oublie les échecs passés. Vous ne dites pas parce que l'on n'a pas répondu votre prière, vous renoncez à la foi. Non
xv. La foi est étouffée en vivant dans les péchés connus.

POINTS DE PRIÈRE.

1 Chaque ennemi des bénédictions d'Abraham dans ma vie, soit lié, au nom de Jésus.

2. O Seigneur, je magnétise les anges de bénédiction, au nom de Jésus.

3. Tout esprit de peur qui agit contre moi dans mon ménage, soit exposé et déshonoré, au nom de Jésus.

Chapitre 2

les enfants d'Abraham dans les problèmes (2)

Bien-aimé, dans ce chapitre, nous regardons la conclusion du message intitulé, "les enfants d'Abraham dans les problèmes." Dans la première partie (chapitre 1), nous avons vu les raisons pour lesquelles une personne pourrait être un enfant de Dieu et être pourtant dans des problèmes et pourquoi les enfants d'Abraham souffrent parfois. Les raisons que nous avons vues sont de vivre dans le péché, l'ignorance et la violation des lois de la foi. Nous avons commencé à voir les lois de la foi pour que nous puissions savoir quand nous les brisons. Nous nous sommes arrêtés à la loi numéro 15. Dans cette édition nous commençons par la loi numéro 16.

16. La foi ne marche pas pour ceux qui veulent agir selon le calendrier des autres: Votre foi ne peut pas marcher quand vous vous comparez aux autres, parce que vous basez votre foi sur ce qui n'est pas le plan de Dieu pour vous. Nous devons en être très

prudents. Dans le Psaume 73, nous voyons un homme qui a voulu faire une comparaison et a découvert qu'il faisait une erreur.

17. La foi n'envie jamais les autres personnes : si quelqu'un travaille très bien, vous ne devez pas l'envier. Plutôt vous devez le soutenir dans la prière. Plus vous faites cela, plus Dieu vous bénira. L'esprit d'envie est la fosse du feu de l'enfer et il détruit très rapidement. Aussi, quand vous acceptez le conseil des gens envieux, vous vous attirez des ennuis. Une sœur avait un problème avec son mari et est allée chez une des ses amies pour le conseil. L'amie lui a dit qu'elle ne doit pas accepter n'importe quoi de son mari. Elle lui à conseillé : "Si ton homme raconte n'importe quoi, réplique sèchement." Et la sœur a dit, "si je le fais, il y aura plus de querelles." Son amie a répondu, "Oh! C'est le seul moyen par lequel tu peux te libérer de quelqu'un qui veut te contrôler en tous cas." Tristement, la personne qui donnait ce conseil à cette sœur était pratiquement esclave de son propre mari. Elle ne disait pas un mot quand son mari parlait et là elle était en train de conseiller

quelqu'un d'autre d'être hostile à son mari parce qu'elle enviait cette femme. La sœur drôlement s'est appliquée à le faire et les problèmes ont commencé dans sa maison. Quand elle est allée voir cette conseillère une nuit pour lui dire qu'elle avait été jetée de la maison, elle lui a dit, "je suis désolée, je ne veux pas que mon mari te voit ici, cela me causera des ennuis. Prends tes choses et va t'en." La sœur choquée a reculé : "mais c'est toi qui m'a conseillé." La mauvaise conseillère a nié; " Quelqu'un peut conseiller quelqu'un. Parfois, ça marche et à d'autres fois cela ne marche pas. Donc, ce n'est pas ma faute.

18. La foi se concentre sur Dieu seul : Il ne commence pas à chercher des alternatives, mais Dieu seul. Le moment où Pierre a enlevé ses yeux de Jésus, il a commencé à couler; une autre loi l'a repris, la loi du doute. Donc la foi se concentre sur Dieu seul et il ne cherche pas d'alternatives. C'est le genre de foi de l'aveugle Bartimée. Il a poussé des cris, "Jésus, Fils de David, ait pitié de moi," et il n'était pas prêt à s'arrêter jusqu'à ce que Jésus ne se soit montré.

19. La foi se réjouit toujours du Seigneur: Peu importe la situation, la foi se réjouit toujours du Seigneur. Parfois une personne voit comme un échec ce qui pourrait être un escalier divinement placé pour s'élever dans un royaume plus haut. Mais si vous le regardez comme un échec et êtes abattus, la foi saute.

20. La foi est enterrée par le souci et l'anxiété : Quand vous êtes embêtés et inquiet, c'est comme si vous n'avez jamais prié. Le souci et l'anxiété annulent les prières. Un ami de Blanc dira toujours, "Pourquoi priez, quand vous pouvez vous inquiéter?" Il a eu l'habitude de le dire parce que la prière et l'inquiétude ne vont pas ensemble.

21. La foi ne connaît aucune impossibilité : Quelqu'un qui marche par la foi ne doit pas marcher par la vue. Si vous deviez marcher par la vue vous ne louerez jamais Dieu.

22. **La foi doit commencer dans le cœur** : Romains 10:8-10 : " Que dit-elle donc? La parole est près de toi, dans ta bouche et dans ton cœur. Or, c'est la parole de la foi, que nous prêchons. Si tu confesses de ta bouche le Seigneur Jésus, et si tu crois dans ton cœur que Dieu l'a ressuscité des morts, tu seras sauvé. Car c'est en croyant du cœur qu'on parvient à la justice, et c'est en confessant de la bouche qu'on parvient au salut, selon ce que dit l'Écriture"

23. **La foi doit être exprimée par des mots et des actions** : Une fois que vous croyez en Dieu; commencez à confesser ce que vous lui demandez, vous le recevez. Une fois que vous croyez en Dieu, commencer à agir selon ce que vous croyez.

Une fois qu'une personne désobéi à la loi de foi, même s'il est un enfant d'Abraham, il souffre. Donc la première raison pour laquelle les enfants d'Abraham souffrent est le péché.

La deuxième raison est l'ignorance; le troisième c'est briser les lois de la foi. La quatrième raison est d'être prisonnier des mémoires du passé. Il y a beaucoup de personnes qui sont liées par leurs mauvaises mémoires passées. Une personne qui a 42 ans et a donné sa vie à Jésus peut toujours être hanté par ce qu'il a fait ou ce qui lui est arrivé il y a 21 ans. Chaque fois que quelque chose de mal lui arrive il le retrace à cet incident qui est arrivé il y a 21 ans. Et la personne continue à demander à Dieu le pardon de la même chose tout le temps même après que Dieu ne l'ait pardonné. Si vous êtes dans cette situation vous devez décider d'en sortir. Vous ne devez pas permettre à de mauvaises mémoires ignorantes passées de ruiner votre vie présente. Certaines personnes qui ont probablement introduit leurs plus jeunes sœurs au sexe et ont découvrent maintenant que cette sœur mène une vie mondaine. Certaines ont fait des avortements il y a longtemps et quand elles ont donné leurs vies à Christ elles ont confessé et Dieu leurs a pardonnés. Elles sont encore hantées par ce que nous appelons l'esprit d'avortement parce qu'elles ne se sont pas pardonnés. L'esprit d'avortement, qui mène généralement à la frustration et au retard hante quelqu'un qui a déjà commis une forme d'avortement auparavant. Jusqu'à ce que vous fassiez une délivrance et que vous vous purifiiez de cet esprit, la frustration vous traquera comme un détective de police. Une fois que vous avez fait la délivrance et l'avez coupé, vous devez mettre le passé où il appartient.

Un jour, un homme qui est venu me voir m'a dit que quelqu'un qui était membre d'une église Pentecôtiste l'a offensé c'est pourquoi il n'aime plus les églises Pentecôtistes et leurs membres, j'ai dit, "Bien, où est la personne ?" Il a dit qu'elle est morte il y a quinze ans. "Ainsi que voulez-vous que nous fassions maintenant? Voulez-vous que nous la remontions de la tombe pour qu'elle puisse vous faire ses excuses?" Il a dit non. Il était limité par les mémoires du passé. Nous avons les cas des pères qui ont couché avec leurs propres filles, les hommes et les femmes qui étaient infidèles à leurs partenaires et gens qui ont expérimentés de sérieuses tragédies et l'ennemi fait en sorte que ces mémoires persistent, ces personnes continuent à vivre dans l'esclavage. Si vous vivez dans le passé, vous manquez des bénédictions d'Abraham. Certaines personnes essayent même d'enlever des démons imaginaires au lieu de sortir du passé.

Il y a certaines personnes, qui à chaque fois qu'elles se rappellent de certaines choses qui sont produites dans le passé, leurs esprits sont abattus et elles deviennent soudainement tristes si elles étaient contentes auparavant. Si vous vous reconnaissez, vous ne pouvez pas avoir les bénédictions d'Abraham. Il y a des personnes qui marchent avec de lourds fardeaux de choses qu'ils ne peuvent pas partager avec les autres, mais qu'elles gardent dans leurs esprits. Bien qu'elles refusent de les partager, elles sont obstinément accrochées à leurs mémoires. Elles doivent effacer ces mémoires sinon les bénédictions d'Abraham seront difficiles à obtenir.

Beaucoup d'entre nous devons nous pardonner puisque Dieu nous a pardonnés et devons proclamer notre liberté.

Je veux que vous mettiez votre main sur votre poitrine en faisant cette prière :

"Seigneur Jésus, le retour dans mon passé est effacé et chaque souvenir destructeur est annulé, au nom de Jésus."

La prochaine raison pour laquelle les enfants d'Abraham souffrent, est qu'ils permettent l'opération des armes sataniques dans leurs vies. Le diable a beaucoup d'armes dans son arsenal qu'il utilise contre des Chrétiens jour et nuit. Ces armes sataniques sont :

i. Le sentiment d'indignité.

ii. Anxiété.

iii. La peur, qui conduit au manque de confiance. Beaucoup de personnes sont devenues comme ce serviteur dans la Bible qui à cause de la crainte de l'échec, la crainte de comparaison à d'autres et la crainte de courir des risques a enterré son talent. Il a refusé de faire quoi que ce soit parce qu'il était sous la servitude de la crainte.

iv. Le Doute.

v. La Colère.

vi. La Culpabilité.

Plusieurs ont permis aux armes de l'ennemi de prospérer dans leurs vies. Vous devez identifier ces choses et vous libérer d'elles. Quand des personnes viennent à Dieu, elles ne croient pas que leur vie s'améliore. Certains disent en réalité que les choses empirent. Tous leurs rêves sont négatifs parce qu'ils manquent la foi et ne peuvent pas voir de leurs yeux spirituels. Nous avons beaucoup de mauvais agents sataniques qui nous entourent. Le premier problème est qu'ils se détestent eux-mêmes, ils ne peuvent pas donc aimer les autres.

La loi dit, "Aimes ton prochain comme toi-même." Vous devez vous aimer avant que vous ne puissiez aimer les autres. Donc si vous ne vous détestez pas, vous ne soumettrez pas votre vie à l'ennemi. Jésus va, ici, aujourd'hui même libérer les gens.

La Bible dit que nous devrions être aussi prudents que le serpent et dociles comme la colombe. Il dit aussi, "je vous envoie comme le brebis parmi les loups." La Bible appelle ceux-là avec qui nous vivons des loups. Maintenant, pour qu'une brebis marche parmi des loups, certaines choses doivent être en place dans la vie de la brebis qui paralysera les loups peu importe leur résistance.

Laissez-nous considérer l'activité suivante d'un loup savant : Deux sœurs qui vivent en Angleterre ont entendu parler de la Montagne de Feu et des Miracles sont venues me voir. La première avait 39 ans. Leur problème était qu'aucun homme ne leur avait jamais demandé en mariage. Je leur ai conseillé d'aller pour la délivrance et ils ont demandé, "que signifie cela ?" J'ai expliqué, en les plaignants, parce que dès que je les ai vus je savais que leur propre père était responsable de leur cas.

Comme elles étaient en train de sortir, je leur ai demandé où elles allaient. Elles ont dit, "Nous avons acheté quelques choses pour papa et nous voulons aller les lui donner." Je leur ai dit d'aller mais elles ne devaient pas le laisser les embrasser. Elles ont demandé pourquoi j'ai dit ceci : si vous lui permettez de vous embrasser, votre mariage serait reporté de nouveau. Elles ne pouvaient pas comprendre, donc je les ai simplement recommandés vivement de faire ce je leur avais dit. Ils sont allés à la maison et ont donné le cadeau à leur papa. D'une manière prévisible, l'homme n'a pas voulu toucher le cadeau, il a seulement voulu les embrasser et elles ont dit, "Non, papa, prend juste le cadeau," et l'homme a déclaré, "Vous avez été à cette église." elles lui ont demandé : "comment le sais-tu ?" Il a répondu, "ne vous en faites pas, vous êtes de petites filles." elles lui ont demandé à quelle église ? Et il l'a décrit. À partir de là, elles ont authentiquement eues peur et sont revenues vers moi en courant et m'ont relaté leur expérience. Bien-aimé, comment un homme peut-il entrer en accord avec des puissances des ténèbres pour renouveler sa propre prospérité à au détriment du bonheur de ses filles? Nous avons de tels agents autour de nous. Donc, c'est le devoir des enfants d'Abraham, bien que ressemblant à des brebis, de leur frapper comme le tonnerre.

Quelqu'un une fois m'a écrit une lettre d'ici et a dit, "Docteur Olukoya, merci beaucoup pour ce que Dieu fait ici et ce qu'Il fait dans votre vie." Il a continué, "Mais j'ai une question: supposez que quelqu'un qui est un chrétien, soit attaqué par une sorcière et le chrétien vient pour la délivrance et fait des prières de feu afin que toute flèche de sorcellerie dans sa vie soit renvoyée à l'expéditeur et que les flèches sont renvoyées à l'expéditeur provoquant des problèmes et des malheurs dans la vie de la sorcière. Si la sorcière découvre qu'elle est sur le point de mourir et coure à la Montagne de Feu et des Miracles et se soumet à la délivrance en renvoyant aussi les flèches à l'expéditeur. Les flèches retourneraient-elles au chrétien qui est à l'origine de l'envoi? C'était la première question. Question 2 : Dans toute cette affaire de *retour à l'envoyeur*, qui porte les flèches ? Est-ce les anges ou des démons ? Il voulait connaître les moyens de transport des flèches d'un endroit à l'autre. Question 3 : Pourquoi vous les gens qui prient demandent-ils que tout esprit qui œuvre contre leur progrès tombe et meurt, un esprit peut-il mourir ?

Nous allons répondre l'un après l'autre. Quand la personne ayant l'esprit de sorcellerie décide de se repentir, la flèche ne lui nuira pas et le mauvais esprit de la sorcellerie, qui ne peut jamais se repentir quitte son corps et entre dans une autre personne qui se rend elle-même disponible. Quand la personne qui s'est repentie de sorcellerie, renvoie les flèches, elles ne retourneront pas contre le chrétien, mais les flèches se rassembleront et retourneront à M. Diable qui est à l'origine. C'est l'expéditeur original.

QU'EST-CE QUI TOMBE VRAIMENT ET MEURT ?

Nous appelons la mort, la séparation de Dieu. Si quelqu'un est éternellement séparé de Dieu, il va à la fosse; l'endroit où les mauvais esprits ne veulent pas aller. Ainsi quand vous dites tombe et meurt, ce que vous dites est ceci : va dans la fosse sans fond et soit enfermé là-bas pour toujours. C'est la signification.

QUI PORTE FLÈCHES SATANIQUES ?
Personne ne doit les porter. Ils volent de par eux. Ils n'ont pas besoin d'ailes parce qu'ils peuvent se déplacer par eux. Les anges ne doivent pas les porter. En fait, ce que les anges font parfois c'est de les dévier de nous.

Nous allons prier maintenant, mais si vous lisez ce message et vous n'êtes pas né de nouveau, vous n'avez pas donné votre vie à Jésus Christ, la première chose que vous devez faire pour jouir des bénédictions de Dieu est de donner votre vie à Jésus. Si vous ne le faites pas, vous ne pouvez pas être appelés l'enfant d'Abraham sans parler de jouir des avantages d'Abraham. Donc, si vous n'êtes pas nés de nouveau quoique vous soyez à l'église, faites la confession suivante : Père, au nom de Jésus, je te donne ma vie. Je confesse mes péchés et les abandonne. Je dis au revoir au diable. Seigneur

Jésus, entre dans ma vie et soit mon Seigneur et Sauveur. J'entre dans le royaume des cieux. Merci Père céleste, au nom de Jésus. Amen.

Je vous félicite. Vous êtes devenus enfant d'Abraham et vous avez droit à ses bénédictions. Car Christ nous a rachetés de la malédiction de la loi pour que les bénédictions d'Abraham puissent nous appartenir. Nous avons droit tout de suite aux bénédictions d'Abraham qui est la prospérité spirituelle, la prospérité matérielle et aussi la bonne santé.

Faites ces prières avec une agression sainte et la folie sainte et avec l'esprit de quelqu'un qui prend cette affaire au sérieux.

POINTS DE PRIÈRE

1. Toute inspiration satanique ciblée contre moi, soit paralysée, au nom de Jésus.

2. (Placez une main sur votre tête et l'autre sur votre estomac très près du nombril pendant que vous faites la prière suivante. S'il vous plaît, si

pendant que vous priez vous commencez à avoir le vertige, vous pouvez vous asseoir et continuer avec. C'est très important) : toute semence de douleur plantée dans ma vie, tombe et meurt, au nom de Jésus.

3. S'il vous plaît, gardez toujours votre main sur votre tête et l'autre sur votre nombril : Toute Puissance qui ne veut pas me voir, tombe et meurt, au nom de Jésus.

Chapitre 3

destruction des masques sataniques

Dans Matthieu 3:10, nous voyons un verset puissant des Saintes Ecritures qui dit, " Déjà la cognée est mise à la racine des arbres: tout arbre donc qui ne produit pas de bons fruits sera coupé et jeté au feu." Donc, si vous voyez quelqu'un debout quelque part priant que les arbres non rentables soient coupés, sa prière est basée sur les Ecritures.

Matthieu 15:13 : " Il répondit: Toute plante que n'a pas plantée mon Père céleste sera déracinée." La signification est que s'il y a quoi que ce soit planté quelque part qui n'a pas été planté par notre Père dans le ciel, cela doit être déraciné.

Dieu ne plante pas la pauvreté, ni la frustration, ni la dépression ou la déception.

Les docteurs peuvent avoir toutes sortes de noms pour différentes maladies, mais la Bible a un nom pour elles. Elle les appelle "Toute plante que mon Père céleste n'a pas plantée." Donc, peu importe qui l'a planté, elle sera déraciné.

Autrefois, il y avait un dicton très populaire qui est très approprié aujourd'hui. Il dit, "Tuez l'araignée et il n'y aura aucune toile d'araignée." Beaucoup de gens abandonnent l'araignée des problèmes et combattent les toiles d'araignée et après il y a la confusion.

La confusion arrive quand l'araignée est devant ou porte un masque. Quand quelqu'un porte un masque, il veut cacher son identité. Le fait qu'il veuille cacher son identité montre que c'est une personne que vous connaissez.

C'est très frustrant quand l'ennemi utilise le visage d'une autre personne pour vous attaquer. Mais la Bible dit, "Ne vous y méprenez pas parce que les anges des ténèbres prennent parfois l'aspect des anges de lumière."

Il y avait un frère qui est né de nouveau correctement, pas par la voie dont beaucoup de personnes sont nées de nouveau de nos jours, en serrant les mains d'un prédicateur et en confessant être nées de nouveau. C'est le genre de personnes qui mâchent toujours le chewing-gum pendant le culte. Quand vous essayez de leur dire d'avoir du respect pour Dieu, ils disent, "Mon Dieu n'est pas un Dieu dur." Ils oublient qu'Il est même le Dieu qui a fait descendre le feu sur Sodome et Gomorrhe et a tué les fils d'Aaron à l'autel. Le problème est qu'ils ne lisent pas bien leur Bible. Ainsi, après que ce frère est né de nouveau, il a demandé au prédicateur ce qu'il devait faire d'autre et le prédicateur lui a parlé de la sanctification et l'a encouragé à prier pour cela. Quand il l'a obtenu, il a aussi prié pour le baptême du Saint Esprit et a été baptisé.

Il habitait dans le voisinage de ce charlatan. Et ce charlatan avait l'habitude de le déranger la nuit avec toutes sortes d'esprits faisant de drôles de bruit à l'intérieur de sa chambre et avec ses nombreux clients qui venaient à tout moment le consulter. Il avait l'habitude d'avoir peur, mais une nuit où il est rentré à la maison, il était prêt à traiter avec. Il a attendu que le charlatan commence à parler avec ses mauvais esprits. Dès que le premier esprit est venu, le frère s'est levé et a commencé à prier. Subitement, il a entendu le bruit de leurs pas comme s'ils fuyaient. Comme il a continué à prier, un homme avec un vêtement blanc lui est apparu et lui a dit, "Frère, arrête de prier. C'est bien, tu as fini ta mission." Il a voulu s'arrêter, mais s'est dit que Jésus ne lui demanderait pas d'arrêter de prier. Il pouvait juste changer de points de prière. Quand il a bien regardé la personne en vêtement blanc, il a trouvé des taches sur le vêtement et a dit, "Oh, il est un ennemi déguisé," et a continué à prier jusqu'à ce que le mauvais esprit soit vaincu.

Il y a quelque chose de connu comme combattre une effigie spirituelle. Une effigie est un objet qui est fait pour ressembler à la chose réelle, mais n'est pas la chose réelle. Le problème avec des effigies spirituelles est qu'elles gaspillent vos balles spirituelles.

QUATRE SORTES DE TROMPERIE SATANIQUE

1. L'ennemi peut agir en utilisant une façade.

2. L'ennemi peut agir en portant un masque pour cacher son identité.

3. L'ennemi peut agir en utilisant le visage d'une autre personne, particulièrement celui de quelqu'un qui vous aime.

4. Il peut utiliser un objet et vous vous demanderez pourquoi rien n'arrive malgré vos prières.

Vous ne pouvez pas reconnaître des ennemis par l'apparence physique. C'est pourquoi si subitement dans votre rêve, quelqu'un vient vous poursuivre ou vous lance une flèche et pour une raison quelconque la flèche commence à agir, la première personne à blâmer c'est toi-même parce que la Bible dit, "Ne touchez pas à mes oints et ne faites pas de mal à mes prophètes." Quand l'oint est touché et qu'on fait du mal au prophète, cela signifie qu'il y a un problème. Faites donc un contrôle interne avant de regarder à l'extérieur. Peu importe la force d'un démon, il ne peut pas résister à une vie qui est remplie de feu.

Il y avait une vieille femme, illettrée. Quelqu'un est venu la voir dans le rêve avec un grand bâton dans sa main et comme la personne approchait, elle a dit, "Arrête, au nom de Jésus," et la personne s'est arrêtée. Alors elle a dit, "Tenez vous là pour que je puisse bien vous regarder," et il a obéi. Elle a dit, "Maintenant que voulez-vous ?" Il a dit, "j'ai été envoyé pour vous détruire." Elle a dit, "Tout de suite, je vous commande, au nom de Jésus, de commencer à frapper votre tête avec le bâton dans votre main. Il a commencé à se frapper et s'est finalement tué. Si la femme avait été frappée, elle se serait réveillée le matin disant que c'était son mari ou quelqu'un d'autre qu'elle connaissait, elle serait en train de perdre son temps. La chose importante n'est pas de permettre que cela arrive.

Avant qu'un arbre ne porte des fruits, il doit avoir la racine. Parfois nous combattons le fruit. Vous pouvez vous battre avec le fruit toute votre vie et n'arriverez nulle part. Il y a longtemps, en endroit particulier où j'ai vécu, à une certaine période de l'année, un festival masqué a été tenu. Pendant le festival, les gens masqués étaient partout dans la ville et poursuivaient les gens avec des fouets et de petits enfants étaient debout au loin et riaient des gens masqués pour que les masques réagissent et les poursuivent. Quand ces masqués rattrapaient les gens, ils les bastonnaient terriblement. Un jour, une personne masquée a poursuivi quelqu'un dans notre cour. L'un de nos voisins, qui ne tenait pas compte du fait qu'il soit sacré, l'a juste pris, l'a jeté au sol et l'a démasqué. Chacun était étonné de voir que c'était un homme paresseux dans le voisinage appelé Sunday qui sous l'apparence masquée bastonnait les gens, et il savait qu'ils ne réagiraient pas.

Il y a beaucoup de problèmes portant des masques comme ça dans beaucoup de vies. Il est bon de leur ôter les masques pour que vous puissiez voir exactement avec quoi vous vous battez. Vous devez enlever le masque du visage spirituel de l'ennemi et voir la réalité de ce qui est exactement en train de vous harceler. Ce n'est pas tous les problèmes qui sont causés par des sorcières et des magiciens. Certains viennent d'autres sources aussi.

Quelqu'un m'a raconté l'histoire de quelques Indiens vivant quelque part. Ces Indiens ont remarqué que les gens mouraient dans leur camp tous les jours. Ils ont pensé que le dieu des eaux étaient fâchés et leur ont offert des sacrifices, mais la mort a continué. Alors ils l'ont imputé à la désunion parmi eux, l'attaque des Blancs, les sorcières et tant d'autres choses, mais il y avait aucune solution jusqu'au jour où quelqu'un a enlevé le masque du problème. Le masque était : leur tradition d'utiliser une couverture pour couvrir les morts, ainsi avant qu'une personne ne soit sur le point de mourir ils utilisaient la couverture pour la couvrir. Donc le problème était la couverture.

Nous savons que le diable est la force active derrière tous les maux, nous savons aussi que le diable ne peut pas être partout en même temps. Il utilise ses agents.

Les enlever vrais ennemis de beaucoup de personnes doivent encore être démasqués. Des personnes ne savent pas pourquoi les choses tournent mal. Ils disent qu'ils ont essayé la prière, la louange, le jeûne, la confession et la délivrance, mais le problème les regarde toujours fixement. Il peut y avoir un masque. L'ennemi peut porter le visage d'un lion, d'un serpent ou d'un enfant. Le masque dissimule son identité. Mais quand le masque est enlevé, l'identité réelle est horrible, mais la solution est peut-être simple. C'est pourquoi nous devons prier pour la révélation divine.

Balam était censé être un prophète. L'ange du Dieu vivant l'a harcelé. Il a fait plusieurs visites inutiles. Il a essayé de faire son travail, mais s'est attiré la colère de Dieu. Il pouvait se plaindre de la grandeur de son problème, mais quand vous enlevez le masque du visage de son problème, vous découvrez que son problème était en réalité l'avidité.

Une femme a remarqué que les hommes rompaient toujours avec elle après quelques mois de fiançailles. Elle a essayé la prière, elle a essayé de se laver la tête dans une église de vêtements rouges et elle a essayé de s'habiller d'une manière plus attrayante en ajoutant des couleurs attractives, mais tout cela n'a pas marché. Elle a commencé à servir pendant les fêtes comme hôtesse pour que les hommes la remarquent bien. Cela n'a pas aussi marché. Alors elle a essayé des horoscopes, mais ce n'était pas utile. Elle s'est donc lassée de la vie et a dit qu'elle allait se suicider. Un jour, le masque a été enlevé et elle a constaté que le masque était la colère. La plupart du temps les gens accusent toutes sortes de choses alors que la cause réelle n'a pas été touchée. Elle avait blâmé sa belle-mère, son camarade de classe, méchantes sorcières qui volent la nuit, ses vêtements volés, etc., mais hélas, la chose réelle était la colère. Plusieurs fois, les gens accusent toutes sortes de choses pour leurs problèmes, tandis que la cause réelle reste intacte. C'est exactement ce que les ennemis veulent.

UNE VIE DE VICTOIRE

Beaucoup de personnes découvrent qu'ils perdent juste leurs balles de prière parce que les ennemis leur ont vendu des effigies et ils sont là à attaquer les effigies. Il y a des milliers de gens dans cette catégorie. Dieu dans Sa sagesse infinie a décidé de ne pas ouvrir les yeux spirituels de beaucoup de personnes. Plusieurs fois, ils attaquent le fruit, les feuilles, des branches et les tiges de leurs arbres de problème, mais les racines restent en place.

LA FONCTION DES RACINES DE LA PLANTE

Physiquement, la racine de la plante a autant de fonctions qui peuvent être rapprochées de la racine d'un problème spirituel.

1. *La racine rattache la plante à la terre* : C'est-à-dire qu'elle s'assure que la plante est debout. Implicitement, la racine d'un problème le fait se tenir fermement dans une quelconque vie.

2. *Elle alimente la plante*. Cela signifie, qu'elle alimente le problème et le fait grandir. Beaucoup de personnes alimentent leurs ennemis pour les

combattre plus rudement. Je me dis généralement que, "je n'alimenterai pas de problème, au nom de Jésus."

3. *Elle aide la plante à stocker la nourriture.* C'est-à-dire elle compose le problème ou le renforce.

4. *Elle peut être utilisée pour la propagation.* Elle prolonge à son tour la plante qui porte finalement même plus de fruits. De même, quand la racine d'un problème est laissée intacte, il s'étend et beaucoup de choses continuent dans la même voie.

Quand il y a un problème devant Dieu, Il commence à le traiter par un diagnostic de la racine du problème. Quand Il arrive à la racine, Il la coupe avec Sa hache de feu et après, Il le jette dans le feu.
Cependant, si on ne découvre pas la racine d'un problème, il y aura des ennuis. Quand vous découvrez la racine et vous avez la mauvaise hache comme les bougies, les fétiches, des anneaux, des cordes autour de la taille, des horoscopes, des livres magiques, ou d'autres matériels occultes, le

problème reste toujours intact parce que la mauvaise hache que vous tenez est aussi un ennemi qui dirigera votre hache contre vous et vous ne saurez pas.

Il y a beaucoup d'exemples dans la Bible des gens qui ont refusé d'aller à la racine de leurs problèmes. L'un d'entre eux était le roi Asa. La Bible nous dit que le roi Asa n'a pas cherché Dieu quand il était malade, donc il est mort. 2 Chroniques 16:12 - 14 : "La trente-neuvième année de son règne, Asa eut les pieds malades au point d'éprouver de grandes souffrances; même pendant sa maladie, il ne chercha pas l'Éternel, mais il consulta les médecins. Asa se coucha avec ses pères, et il mourut la quarante et unième année de son règne; on l'enterra dans le sépulcre qu'il s'était creusé dans la ville de David. On le coucha sur un lit qu'on avait garni d'aromates et de parfums préparés selon l'art du parfumeur, et l'on en brûla en son honneur une quantité considérable."

Parfois, aux obsèques, le prêtre exerçant l'office dit, "le Seigneur a donné et le Seigneur a repris, béni soit le nom du Seigneur," quand le Seigneur n'a rien repris. La plupart du temps c'est la méchanceté familiale qui a pris la personne, ou tout simplement les moustiques ordinaires.

Un frère avait un problème et il est allé à un endroit pour prier. "Le prophète" lui a dit de rester derrière la porte, qu'il voulait consulter l'ange Michel. Le Frère a dit : "dites-vous que l'ange Michel est à l'intérieur de cette pièce ? Il a dit" Oui. "Donc, l'homme a commencé à prier :" Dieu de tous les âges, l'excellence suprême, le grand, celui qui peut entendre toutes les voix, celui qui a une si longue main pour enlever ses enfants de la fosse, sauve ton enfant de la fosse par ton nom éternel, Amen. " Alors il a chanté un chœur. Le frère a remarqué que dans toutes les prières rendues par l'homme et le chœur il a chanté, il a évité le nom de Jésus. Subitement, la soit disant voix de l'ange Michel a commencé à parler disant : "mon fils, je te connais. Tu es un ingénieur et un dieu veut t'aider." Le frère a dit, "S'il te plaît, corriges ange Michel, je ne suis pas un ingénieur. En fait, j'ai fait commerce." Dès que cet homme est entré dans la maison, le frère a pris son sac et a détalé. C'est comme ça que Dieu l'a sauvé. S'il avait attendu de découvrir le résultat, il aurait eu besoin de la délivrance. Il y a un autre homme dans 2 Rois 1:1-4 : " Moab se révolta contre Israël, après la mort d'Achab. Or Achazia tomba par le treillis de sa chambre haute à Samarie, et il en fut malade. Il fit partir des messagers, et leur dit: Allez, consultez Baal Zebub, dieu d'Ékron, pour savoir si je guérirai de cette maladie. Mais l'ange de l'Éternel dit à Élie, le Thischbite: Lève-toi, monte à la rencontre des messagers du roi de Samarie, et dis-leur: Est-ce parce qu'il n'y a point de Dieu en Israël que vous allez consulter Baal Zebub, dieu d'Ékron? C'est pourquoi ainsi parle l'Éternel: Tu ne descendras pas du lit sur lequel tu es monté, car tu mourras. Et Élie s'en alla. "C'est un exemple de quelqu'un qui a utilisé la fausse hache.

Quand le problème surgit, certaines personnes commencent à dire des choses comme, "C'est parce que j'ai quitté mon église d'habits vert," "C'est parce que quand ils ont dit je devrais devenir un apôtre senior, j'ai dit que je n'étais pas qualifié," "C'est parce que j'ai laissé la religion de mes ancêtres, je dois retourner là bas," "C'est parce que je n'ai pas fait de sacrifices." "C'est parce que mon papa n'a pas prié pour mon mari et moi quand nous nous sommes mariés." Quelle prière votre père, un membre de la loge et votre mère qui l'a épousé comme 5ème femme, devaient prier pour vous? La prière d'un pécheur, la Bible dit, est une abomination à Dieu. Le diable a fait en sorte que beaucoup de personnes poursuivent des ombres et ne regardent pas les racines. Il garde certaines personnes dans l'utilisation de l'eau bénite, prolongeant ainsi la dépression dans leurs vies, fornication sans contrôle, la peur chronique, l'apitoiement sur soi-même, l'écoute des voix, l'incapacité de recevoir le Saint Esprit, les maladies, l'insuffisance financière, des caprices déraisonnables etc. Tout ceux-ci sont des évidences qu'il y a une racine qui doit être déracinée.

Certaines personnes ne peuvent pas comprendre que leurs problèmes soient têtus parce que les problèmes ont commencé quand ils avaient entre un et trois ans. Ils étaient trop jeunes pour prendre conscience de ces choses. Des personnes souffrent aussi de certaines choses qui sont arrivées dans leurs vies qu'ils ont oubliées, bien qu'ils soient assez vieux pour s'en rappeler. Le diable fait que les gens oublient les choses qui leur sont arrivées parce qu'il a planté des mauvaises choses dans leurs vies par ces choses. Ces choses doivent être déracinées. Si le souvenir que vous avez de votre enfance est triste, il peut affecter votre comportement d'adulte. Si vous avez été sexuellement abusé étant enfant, cela affectera votre vie d'adulte et peut devenir la racine de beaucoup de problèmes. Les problèmes portent peut-être un autre masque.

Quand vous faites des prières agressives, et que vous avez la vision de quand vous étiez petite fille ou petit garçon, quand vous étiez plus jeunes, cela signifie qu'à cet âge, quelque chose a été planté.

Par Dr. D. K. Olukoya

Beaucoup de personnes sont entrées dans la sorcellerie et des cultes inconsciemment. Beaucoup de personnes sont entourées par les amis inamicaux qui leur donnent des choses à manger et ensuite les problèmes commencent. Beaucoup d'entre nous ont mangé des choses que nous ne devrions pas manger. Un autre endroit où est la racine des problèmes d'une personne peut se rapporter au genre de maison dans laquelle la personne a vécu quand elle était jeune. Si vous avez des sentiments négatifs, malheureux ou mauvais de la maison ou de la chambre où vous étiez, sachez que quelque chose de mal avait été planté là. Si dans votre rêve vous vous voyez retourner à l'endroit où vous avez vécu auparavant, cela signifie que quelque chose a mal tourné dans votre vie à cet endroit. Peut-être vous aviez une marraine ou un parrain quand vous étiez à l'école et maintenant vous voyez la personne dans les rêves, il y a une racine à traiter.

Les photos de votre enfance qu'on ne trouve plus pourraient être la racine des problèmes de votre vie. Si vous voyiez le genre de méchanceté qui est faite avec des photos, vous seriez choqués. C'est pourquoi nous conseillons aux femmes dont les maris ont des femmes étranges de ne pas se battre avec ces femmes. Se battre avec elles est une perte de temps parce que la plupart du temps, leurs photos ont été diaboliquement liées à celles des femmes étranges et enterrées quelque part par des prophètes démoniaques. Donc aucune quantité de combat ne peut délivrer de tels hommes. Ils ont été pris au piège par les photos. Ainsi une personne fait peut-être face à des problèmes maintenant en raison de manipulation des photos.

De mauvais agents peuvent prendre les photos de petits enfants et détruire leur innocence par les photos et certaines choses commencent à arriver. C'est la racine de beaucoup de problèmes des gens.

Un autre endroit où une racine peut être plantée est dans le rejet. Etant enfant, vous estimiez que vos frères et sœurs recevaient plus d'attention que vous ? Avez-vous estimé que l'on ne vous ait pas aimé comme les autres enfants ? N'y a-t-il jamais eu de situation où vous avez dormi en pleurant ou vous aviez parfois envie de fuir ? Vous êtes-vous jamais demandé pourquoi vous êtes né? Ne vous êtes vous jamais dit que vos parents n'ont jamais voulu de vous ? Il y a une racine plantée.

Une sœur avait des problèmes graves. Elle a prié et a tenté toutes sortes de choses. Un jour, elle a dit, "Oh Dieu, je ne dors pas ce soir à moins que je ne sache où je vais." Elle a prié et subitement, elle a eu une vision. Elle était dans une salle de travail et a pu reconnaître sa mère qui donnait naissance à un bébé et dès que sa mère a accouché du bébé, elle a regardé entre les jambes du bébé pour connaître son sexe. Dès, qu'elle a vu que c'était une fille, elle a dit, "Enlevez moi cette chose d'ici." Alors la vision s'est arrêtée et le Seigneur a dit, "Votre mère a placé une malédiction sur vous en vous appelant ' *une chose.* ' Elle savait alors comment cibler ses prières. C'est alors que les choses ont commencé à se produire.

Même maintenant, une racine peut être plantée dans votre vie. Il semble y avoir des esprits puissants attachés aux âges de 21 et 40 ans. Quand certaines personnes atteignent 40 ans, leur vie semble être brisée. Ils perdent le contrôle de beaucoup de choses. De même que beaucoup de gens se perdent à l'âge de 21 ans. Donc l'âge peut aussi être la racine du problème d'une personne.

Il y a une autre racine appelée l'esprit de dépression. C'est pire que l'attaque de la sorcellerie. Vous réveillez-vous souvent le matin avec une pensée qu'il ne vaut pas même la peine d'avoir ? Avez-vous le sentiment que votre situation ne peut jamais changer? Votre vie est-elle hors de contrôle ? Estimez-vous souvent qu'il ne vaille la peine de vivre ? Alimentez-vous des pensées suicidaires ? Éprouvez-vous du désespoir, souffrez-vous d'insomnie, ou de perte d'intérêt à la vie ?

Une autre racine est l'esprit de colère. La colère est généralement une réaction à ce qui nous déplaît. La question est, "Dieu vous a-t-il donné la colère à la naissance ?" Si la colère est votre problème alors vous êtes plus mauvais que toutes les sorcières et les magiciens du monde réunis. Avez-vous une réputation d'exploser ? Vous mettez-vous en colère pour des choses et ensuite vous rendez-vous compte que ce n'était pas nécessaire ?

Devez-vous prendre des somnifères afin de pouvoir dormir ? Tournez-vous sur le lit pendant des heures avant de vous endormir? Si vous assistez à nos réunions à MFM et faites nos prières de la façon qu'on devrait le faire, il est certain que le sommeil ne sera jamais votre problème. Quand vous vous réveillez d'un mauvais rêve, trouvez-vous difficile de retourner dormir ? Avez-vous le sentiment que quelque chose de mal va arriver quand la nuit tombe ? Réagissez-vous de manière excessive à chaque bruit que vous entendez la nuit ? Il est certain que si vous avez une mauvaise nuit et ne dormez pas bien la nuit, vous aurez un mauvais jour. Quand votre sommeil, qui est votre repos, est mis en cage par l'ennemi, vous avez des nuits blanches.

Il y a tant d'autres racines. Si vous venez d'une famille d'alcooliques, vous mènerez une vie vide de sens. Avez-vous une mauvaise forte envie cachée dans vous ? Avez-vous des affaires matrimoniales supplémentaires ? Êtes-vous intéressé par le mariage multiple ?

Bien-aimé, vous devez enlever le masque et voir quel est le problème. Il y a certaines personnes appelées petites maman. Ce sont les femmes qui deviennent mères à l'âge de 15 ou 16 ans. Avez-vous interrompu une grossesse ou avez demandé à quelqu'un de le faire ? Tout ceci peut être la racine de tant de choses. Deux choses poursuivent quelqu'un qui interrompt : le démon de frustration et l'esprit d'avortement. De telles personnes ont besoin de la délivrance.

COMMENT DÉMASQUER COMPLÈTEMENT LES PROBLÈMES
1. 2 Chroniques 7:14 est la première étape. Il dit, "si mon peuple sur qui est invoqué mon nom s'humilie, prie, et cherche ma face, et s'il se détourne de ses

mauvaises voies, -je l'exaucerai des cieux, je lui pardonnerai son péché, et je guérirai son pays."

2. Soyez responsable. Ne déplacez pas la responsabilité, acceptez que vous avez tort quand vous avez tort.

3. Priez sérieusement pour la restauration.

4. Pardonnez à ceux qui vous ont fait du mal. Demandez à Dieu de leur pardonner aussi et bénissez-les abondamment. Demandez à Dieu de vous pardonner pour n'avoir pas pardonné, pour le ressentiment, la colère, l'amertume et la haine.

5. Dieu est un Dieu de louange. Passez du temps à louer le Seigneur votre Dieu.

POINTS DE PRIÈRE

1. Tout problème portant un masque, sois exposé, au nom de Jésus.

2. Je refuse de tirer mes armes spirituelles sur des effigies, au nom de Jésus.

3. Toutes mes flèches qui ont raté leur cible, atteignez la cible, au nom de Jésus.

4. Tout mauvais front spirituel, délégué contre ma vie, sois paralysé, au nom de Jésus.

5. Tout initiateur de problème, sois paralysé, au nom de Jésus.

6. Tout extincteur de puissance spirituelle, je te rends impuissant, au nom de Jésus.

7. Tout matériel en ma possession, portant un pouvoir satanique, soit exposé, au nom de Jésus.

8. Vous qui me poursuivez avec persistance, je vous commande de glisser et je demande à l'Ange de Dieu de vous poursuivre, au nom de Jésus.

9. L'ancre de problèmes satanique, sois rôtie, au nom de Jésus.

10. Je retire l'alimentation de mon problème, je commande au problème de mourir de faim, au nom de Jésus.

11. Aucun renfort et aucun regroupement de tous les problèmes qui sont partis, au nom de Jésus.

12. Vous, les propagateurs de problème et les prolongateurs de problème, soyez paralysé, au nom de Jésus.

13. Toute pouvoir touchant l'oint, reçois l'épée de feu, au nom de Jésus.

14. Tout parasite spirituel, je te commande de mourir, au nom de Jésus.

15. Toute racine de problèmes, sois coupée, au nom de Jésus.

Chapitre 4

quand vous êtes attaques

Esaïe 59 : 19 dit, "On craindra le nom de l'Éternel depuis l'occident, Et sa gloire depuis le soleil levant; Quand l'ennemi viendra comme un fleuve, L'esprit de l'Éternel le mettra en fuite." Beaucoup de personnes ne comprennent pas cette Ecriture sainte parce qu'ils ne le lisent pas correctement. C'est l'Esprit du Seigneur qui montera comme un flot, pas l'ennemi. Les gens disent d'habitude, "Quand l'ennemi viendra comme une un flot, l'Esprit de l'Eternel élèvera un étendard contre lui." Mais la version originale dit, "Quand l'ennemi viendra, un flot, l'Esprit de l'Eternel lèvera un étendard contre lui." C'est notre verset de travail dans ce livre.

POURQUOI UNE PERSONNE EST-ELLE ATTAQUÉE ?

Une personne est attaquée parce que l'ennemi veut la conquérir.

Une personne est attaquée parce que l'ennemi veut la supprimer.

Une personne est attaquée parce que l'ennemi veut lutter contre son destin.

Une personne est attaquée parce que son existence menace l'existence d'une autre personne.

Une personne est attaquée parce que son destin est un destin d'aigle.

Une personne est attaquée parce qu'elle essaye de s'échapper des mains d'un esclavagiste.

Une personne est attaquée parce que quelque part d'une façon ou d'une autre certaines personnes, pouvoirs ou des personnalités ne veulent pas la voir autour.

Il y a deux ans, j'ai prié avec un homme qui était complètement abattu. Comme il continuait à prier, le Seigneur lui a montré une vision de lui le jour où il est né et a été emmené à un charlatan. Comme la pratique de beaucoup de tribus dans ce pays, ses parents l'ont emmené à un charlatan où ils se sont renseignés sur son avenir et le charlatan a dit, "Celui-ci est le sauveur de la famille. Chacun d'entre vous sans exception profitera de lui. Vous vous prosternerez devant lui. Il sera le point tournant de la famille." Malheureusement quand le charlatan le disait les sept autres femmes de son père étaient autour. Sa mère était la dernière femme. Sa bataille a commencée pas parce qu'il avait offensé quelqu'un, mais à cause de son destin divin.

De toutes les villes dans le monde, aucune n'était aussi fréquemment attaqué que Jérusalem. Pourquoi cela ? C'est parce que cet endroit a un destin prophétique. Donc, comme un enfant de Dieu, dans le cas où vous êtes sérieusement attaqué ou vous vous demandez pourquoi vous suez et luttez, cela signifie qu'il y a quelque chose dans votre destin que l'ennemi ne veut pas voir arriver. Les ennemis ont traité contre cet homme; il a passé 14 ans à l'école primaire et huit ans à l'université pour obtenir un diplôme qu'il faut quatre ans pour obtenir. Ils l'ont bombardé de droite à gauche et au centre. Il pouvait à peine se nourrir alors qu'il était l'ange qui était sensé nourrir sa famille. Sa famille était très pauvre, jusqu'à ce que Dieu lui montre cette vision et il a commencé à prier afin que tous les agents de l'ennemi qui étaient présents quand on a proclamé son destin perdent ces informations de leur mémoire, au nom de Jésus. Alors il a commencé à posséder ses biens.

Le problème est qu'au stade de bébé, il n'y a rien qu'un bébé peut faire. Les gens viennent et disent, "Laissez moi porter le bébé, laissez-moi mettre le bébé ici, laissez-moi donner à manger au bébé," et petit à petit, ils le détruisent. Dès que cet homme a commencé à prier, Dieu a commencé à le bénir. Toutes les attaques qu'il avait n'étaient pas de sa faute. On a proclamé son destin en présence de ses ennemis.

Bien-aimé, soyez sure que vous serez attaqué de temps en temps. Jésus était attaqué la plupart du temps. Beaucoup de Chrétiens prennent de mauvaises décisions quand ils sont attaqués. En tant que Chrétiens, nos décisions devraient être basées sur des principes quand nous constatons que nous sommes attaqués.

1. Notre décision doit être basée sur ce que l'Esprit Saint nous incite à faire.

2. Il doit être basé sur la parole de Dieu.

3. Il doit être basé sur des principes bibliques.

Quand une personne est attaquée et il n'écoute pas l'Esprit Saint, il a des problèmes. Si vous faites quelque chose hors de la parole de Dieu, vous aurez des problèmes. Si vous faites quelque chose contrairement aux principes bibliques il y aura des problèmes. Quand les gens sont attaqués, ils oublient parfois ces principes. Dans Exode 14, nous voyons un bel exemple comment quelqu'un peut être attaqué. Les Israélites sont sortis de l'Egypte. Un ange et un pilier de feu étaient devant et derrière eux pour les conduire. Quand le pilier voulait qu'ils se déplacent, il se déplaçait et quand il ne voulait pas qu'ils se déplacent, ils restaient. Il y avait aussi un ange attaché à leur camp et quelque chose est arrivé. L'ange et le pilier les ont menés à un endroit où ils pouvaient pas aller plus loin, où il n'y avait aucun moyen d'échappatoire. Devant, il y avait la Mer Rouge, par les côtés il y avait les murs de rock qu'ils ne pouvaient pas surmonter et derrière, il y avait leurs adversaires avec une colère mortelle, qui les poursuivaient. C'était un temps où tout l'espoir devrait être perdu. Les attaquants étaient prêts à dévorer. Chaque vrai enfant de Dieu, à un moment ou à un autre dans la vie, peut se trouver dans cette situation que je viens de décrire. Pendant beaucoup d'années le diable avait gardé les Israélites en Egypte pour faire des briques et tout à coup, leurs yeux se sont ouverts et ils se sont échappés. Mais avant qu'ils ne s'en rendent compte, il y avait de nouveau des terreurs qui s'étaient réunies autour d'eux. Que faites-vous quand vous êtes dans ce genre de situation? L'erreur la plus coûteuse que les gens font survient pendant les premiers moments de l'attaque. Une fois que vous faites cette erreur initiale, vous vous attirez des ennuis. L'ennemi utilise l'arme de la peur.

QUE FAITES VOUS QUAND VOUS ETES ATTAQUES ?

1. *Ne paniquez pas* : Soyez calme. Le psaume 46:10 dit, "Arrêtez, et sachez que je suis Dieu: Je domine sur les nations, je domine sur la terre." Ne paniquez pas, louez plutôt le Seigneur. La panique conduit toujours aux problèmes. Il y a ce témoignage d'une femme qui ne savait pas que son voisin était un agent satanique. Son enfant se tordait de convulsions et elle priait pour l'enfant. Elle ne savait pas que l'homme avait un clou dans le mur et quand il a frappé le clou la convulsion commençait, mais quand elle priait, le clou sortait du mur. Chaque fois que le clou sortait, le garçon se remettait. L'homme prenait le clou de nouveau et frappait dans le mur et la convulsion commençait. Cela a continué pendant cinq heures. Quand le charlatan a vu que le clou a continuait de sortir, il a pris une bouteille de mélange et a frappé à la porte de la femme, disant, "Madame,

y a-t-il un problème ?" La femme a répondu, "Aucun problème."L'homme a dit, "Mais quelque chose se passe ici." Il lui a donné une bouteille et lui a dit, "Donnez ce médicament à boire à l'enfant." Elle l'a refusé. Si elle l'avait accepté l'enfant aurait été bien mais un autre problème aurait été planté en lui. Ainsi, quand il y a une attaque mettez votre oreille dans une position neutre et écoutez attentivement la voix intérieure de l'Esprit Saint.

2. *Analysez-le par la sagesse de Dieu* : Ecclésiaste 7:14 dit, " Au jour du bonheur, sois heureux, et au jour du malheur, réfléchis: Dieu a fait l'un comme l'autre, afin que l'homme ne découvre en rien ce qui sera après lui." Nous devons savoir que n'importe quel système de travail développera de temps en temps des crises. Ainsi, asseyez-vous pour l'analyser et voir ce que vous avez appris de ce qui est arrivé.

3. *Recherchez des conseils pieux* : Proverbes 11:14 dit, " Quand la prudence fait défaut, le peuple tombe;" Ainsi, l'ignorance est destructive. Ne

négligez pas la connaissance. Quelqu'un sait quelque part quelque chose qui vous aidera à survivre. Essayez de trouver des gens avec de telles informations.

4. *En tant qu'enfant de Dieu, attendez la puissance de Dieu pour vous agir* : Il est facile de s'asseoir et croire que tout l'espoir est perdu. Mais, en tant qu'enfant de Dieu, si vous lisez bien votre Bible, vous constaterez qu'à chaque fois que le diable préparait son potage, c'était effrayant, mais au moment où le Dieu qui a délivré Shadrach, Meshach et Abednego surgissait, Il prenait juste le pot de potage de l'ennemi et le brisait par terre. Attendez la puissance de Dieu pour agir. L'adversité est la réaction de l'ennemi à votre progrès. C'est la tentative de l'ennemi de voler votre bénédiction prochaine.

5. *Résistez* : Jacques 4:7, un vers très populaire dit : "Soumettez-vous donc à Dieu; résistez au diable, et il fuira loin de vous." Quand vous dites résistez, beaucoup de choses sont impliquées. Résister

signifie se battre. Quelqu'un ne peut pas juste entrer dans votre salon et emporter votre poste téléviseur, le magnétoscope et tout ce que vous avez dans le salon et s'en aller. Vous devez lui résister. L'arrêter pourrait exiger que vous vous battiez. La Bible dit, "Soumettez vous donc à Dieu. Résistez au diable et il fuira loin de vous." Cela signifie que si le diable ne s'enfuit pas loin de vous, vous devriez vérifier si vous lui résistez vraiment. Ce que certains d'entre nous appelle résistance est de se lever et commencer à prier quand vous faites un mauvais rêve. Non, vous devriez prier avant que les mauvais rêves ne viennent. Satan aime les gens très craintifs mais les vrais combattants l'intimident.

6. *Utilisez vos armes spirituelles* : 2 Corinthiens 10:4 dit, "Car les armes avec lesquelles nous combattons ne sont pas charnelles; mais elles sont puissantes, par la vertu de Dieu, pour renverser des forteresses." Les armes de notre combat sont : la parole de Dieu, le feu de Dieu, le nom de Jésus, le sang de Jésus, les louanges, les témoignages, la prière, etc. Apprenez à les utiliser.

7. *Imbibez-vous dans les Saintes Ecritures* : Quand des personnes ont un ou deux problèmes, ils arrêtent de lire leurs Bibles. Certains leur diront, "Depuis que vous la lisez qu'en est-il sorti ? Ne perdez pas le temps." Le Psaume 119:92 dit, "Si ta loi n'eût fait mes délices, J'eusse alors péri dans ma misère." Votre esprit ressemble à un jardin, toute plante que vous y plantez, bon ou mauvais poussera. Plantez les paroles de Dieu dans votre cœur, alors vous aurez semé l'énergie, la vie et l'espoir dans votre esprit. Soyez accros aux Ecritures Saintes.

8. *Souvenez-vous que les saisons changent* : le Psaume 30:6 dit, "Car sa colère dure un instant, Mais sa grâce toute la vie; Le soir arrivent les pleurs, Et le matin l'allégresse." Sachez qu'en tant qu'enfant de Dieu l'attaque ne durera pas pour toujours. Les gens changent, ainsi aussi les circonstances. Donc, attendez-vous à ce que Dieu change des choses.

9. *Soyez spirituellement dur* : la vie est une bataille et le violent la prend par la force. Dieu est dans le contrôle et est plus grand que ce avec quoi vous traitez. Il est plus fort que n'importe quel ennemi avec qui vous vous battez. Hébreux 13:5-6 dit, " Ne vous livrez pas à l'amour de l'argent; contentez-vous de ce que vous avez; car Dieu lui-même a dit: Je ne te délaisserai point, et je ne t'abandonnerai point. C'est donc avec assurance que nous pouvons dire: Le Seigneur est mon aide, je ne craindrai rien; Que peut me faire un homme? "

10. *Veillez sur votre pensée avec toute la diligence* : Vous ne serez jamais battus tant que vous êtes victorieux dans votre esprit. Mais si vous êtes battus dans la bataille de l'esprit, vous perdrez toutes les autres batailles. Esaïe 26:3 dit, " A celui qui est ferme dans ses sentiments Tu assures la paix, la paix, parce qu'il se confie en toi." Chacun doit retenir cette Ecriture Sainte. Les seuls que Dieu garde dans la paix parfaite sont ceux dont la pensée est tournée vers Lui.

11. *N'abandonnez jamais* : 2 Timothée 4:7 dit, "J'ai combattu le bon combat, j'ai achevé la course, j'ai gardé la foi." Il n'a pas abandonné. Luc 9:62 dit

aussi, " Jésus lui répondit: Quiconque met la main à la charrue, et regarde en arrière, n'est pas propre au royaume de Dieu." Ainsi, votre persévérance déstabilise l'ennemi.

Donc, la pierre d'adversité des autres personnes sera juste votre pierre de promotion. Si le Dieu d'Abraham, d'Isaac, de Jacob, de Joseph et de Paul est votre Dieu, vous surmonterez surement.

12. *Prier pour localiser et lancer votre flèche au front non protégé de vos ennemis* : Peu importe la force de votre ennemi, il doit avoir des points faibles. Vous priez pour localiser ces points et leur lancer les flèches ensuite.

Je vous conseille de parcourir ce livre de nouveau. Dites alors au Seigneur de vous pardonner les différentes voies dans lesquelles vous avez échoué quand vous étiez attaqué. Quand vous étiez sensé être le David qui devait tuer Goliath, Goliath se vantait partout parce que votre stratégie n'était pas bonne. Demandez à Dieu de vous pardonner. Je veux que vous priiez avec l'esprit qui croit que votre Dieu est un Dieu qui ne connaît aucune impossibilité. Il n'y a aucune situation qui soit au-delà de Sa puissance, peu importe sa force. La bataille n'est pas plus grande que Celui qui est décrit comme le Tout-puissant. La bataille n'est pas plus grande que Lui qui est le très haut. Les points de prière suivants sont puissants et efficaces. Faites-les agressivement.

POINTS DE PRIÈRE
1. Toute flèche tirée dans mon destin cette année, tombe et meurt au nom de Jésus.
2. Toute puissance qui a volé mon destin quand j'étais bébé, je le renvoie par le feu, au nom de Jésus.
3. Je possède toutes mes bénédictions cette semaine, au nom de Jésus.
4. Tout mur de Jéricho résistant à mon progrès, chute au nom de Jésus.
5. Toute autorité cachée et les entêtés qui me poursuivent, je commande que vous mouriez, au nom de Jésus.
6. Tout vêtement de méchanceté et de honte, soyez rôti, au nom de Jésus.
7. La gloire de la protection du Tout-puissants sera sur ma vie, au nom de Jésus.

Chapitre 5

les secrets de la domination

Texte biblique : Job 38, 12-13

Dans le texte lu, Dieu s'adresse à Job sur l'un des secrets pour régner dans la vie et pour ne pas subir les influences du monde surnaturel voire des ténèbres. Il lui demande « s'il avait commandé le matin » ou « s'il a renvoyé l'aurore à sa véritable place » voir « s'il a montré à l'aurore sa place pour qu'elle s'accapare des 4 coins de la terre et secoue la méchanceté d'elle ». Ce passage de l'Ecriture ainsi que d'autres textes nous révèlent LA PUISSANCE DE LA CREATION.

Passages bibliques :
***Genèse 1, 1** – Dieu crée les cieux pas le ciel, ce qui sous-entend plus d'un ciel ; Au-dessus de la tête des hommes, il y a le deuxième et les troisième siècle.
*et dans **2Co 12, 2-4**, la Bible nous parle du troisième ciel comme étant le paradis de Dieu. Les

pouvoirs des ténèbres n'y ont aucune juridiction. Tout est sous le contrôle et à la charge de Dieu. Les esprits maléfiques ne peuvent y opérer et ils n'ont pas pour ce lieu une possibilité d'infiltration.

*En **Ephésiens 6, 12** il est mentionné un ciel qui n'est pas la demeure de Dieu mais des esprits méchants, des esprits ancestraux. Le deuxième ciel est une arène différente du troisième. Les esprits maléfiques voir les esprits méchants et leurs activités y sont déchaînés. Il y a une forme de compétition et un haut degré de méchanceté. Ces esprits sont têtus.

* **Genèse 1, 14-18** : Ici Dieu après avoir créé les cieux et leurs contenus détaille leurs devoirs (séparer le jour de la nuit, pour les signes, pour les saisons, pour les jours, pour les années. Ce passage met l'accent sur les ordonnances des corps célestes. Ils ont reçu un mandat spirituel pour s'acquitter de certaines fonctions. Mais malheureusement ceux qui appartiennent au royaume des ténèbres ont pris l'avantage de ces ordonnances au détriment du

peuple de Dieu qui ignore leurs implications. De ce passage, l'on découvre le rôle crucial joué par la lumière dans la vie de l'homme. LA VERITE EST QUE LA VIE DE TOUTE CHOSES SUR TERRE EST RELIEE A LA LUMIERE. Ton âge, ta croissance et ta taille sont déterminés par elle. Il y a un pouvoir dans la lumière. C'est ainsi que l'on peut comprendre les paroles du psalmiste qui avait connaissance de cette vérité.

*** Psaumes 121, 6** – Biens aimés les pouvoirs du jour et de la nuit résident dans le soleil et la lune. Il y a un pouvoir qui gouverne le jour et un autre la nuit.

I- L'ADORATION SATANIQUE

Les puissances des ténèbres utilisent les forces de la nature contre les croyants qui sont supposés exercer la domination, l'autorité sur les forces élémentaires. Ils violent les commandements de Dieu en utilisant le soleil, la lune et les étoiles pour en faire des usages négatifs voire pour faire du mal à des innocents. La puissance du mal a capturé les cieux et les utilise pour détruire : l'adoration satanique, perpétrer la méchanceté. Ex : des cérémonies ou des sacrifices à la pleine lune ou la présentation des enfants à la pleine lune ou la célébration des fêtes à la pleine lune. Les enfants du diable ont trouvé dans les cieux une arme puissante pour remplir leurs missions maléfiques : beaucoup ont perdu la vie et certains encore ont eu des problèmes de santé, nombre de foyers ont été brisés, d'innombrables destins tronqués et plusieurs tragédies orchestrées.

Par exemple, si un occulte avancé élève un autel contre la vie d'un enfant de Dieu à proximité de son étoile, ce dernier ne peut pas défier de telles attaques par le simple fait de prier les yeux bandés ou par le simple fait d'aller à la délivrance (enlever les dépôts du royaume des ténèbres qui est différent des conspirations formé dans les cieux). Le chrétien doit apprendre comment combattre en retour en utilisant le contraire des armes utilisées par le haineux. Avoir des problèmes en temps de pleine lune ou avant ou après une pleine lune sous-entend qu'un travail a été fait contre la personne en utilisant les éléments des cieux.

En créant le soleil, la lune et les étoiles, Dieu les a dotés de grands pouvoirs afin de faire éclater sa gloire. Cela explique ce pour quoi il interdit l'adoration de ces luminaires (texte du psalmiste les cieux proclament la grandeur de Dieu et l'étendue manifeste sa puissance, le jour en instruit un autre...) ; Les cieux ont donc été établis pour proclamer la gloire de Dieu et ces éléments pour produire la lumière à la terre.

II- LE MYSTERE DU DEUXIEME CIEL

Beaucoup de gens prient jour et nuit pour n'avoir aucun témoignage à rendre à la suite de leurs requêtes. Mais Dieu ne les répond-t-il pas ? Si, il envoie la réponse depuis les cieux des cieux et il la fait descendre sur la terre. Mais un barrage routier spirituel présent dans le deuxième ciel bloque la réponse afin qu'elle ne parvienne pas à la terre. Quand une telle barricade est élevée, les bénédictions restent suspendues dans l'air, elles son bloquées et les exaucements ou les miracles retardés. Cela explique pourquoi la prière est devenue un fardeau pour beaucoup de chrétiens.

- Le cas de Daniel : Daniel 10, 1-14. Il prie, Dieu l'entend et lui répond. Cependant sa réponse est retardée depuis le deuxième ciel par un pouvoir méchant identifié comme l'ange de perse. Ce pouvoir puissant s'est levé en une barricade maléfique. Daniel a prié **pendant 21 jours** (un temps qui confirme que des esprits du deuxième ciel sont à l'œuvre contre ton exaucement) durant or la réponse lui a été envoyé depuis le premier jour

Il est nécessaire d'attaquer les puissances du deuxième ciel avec une artillerie de bombardements constants constituée de la prière persévérante pour renforcer l'exaucement depuis le deuxième ciel. Ces esprits doivent être confrontés, dépossédés et vaincus. Plus le chrétien persévère plus les messagers de Dieu persévèrent et Dieu y compris. Les esprits les plus méchants qui retardent les bénédictions sont suspendus au-dessus de nos têtes.

III- LA VICTOIRE DANS LES CIEUX Luc 10,19

1- L'AUTORITE DU CROYANT

Un homme ou une femme né de Dieu est censé être en mesure d'exercer l'autorité et le pouvoir reçu de Dieu son Père. L'autorité reçue par chaque croyant est celle qui a participé à la création et qui a construit cette œuvre magnifique. Ps 8, 5. Par elle, Dieu lui a soumis toutes choses animées et non animées. Dieu t'a donné le pouvoir pour exercer la domination y compris sur le soleil, la lune et les étoiles et maîtriser tous les éléments de la nature voire de la création. Il a agi ainsi afin de sauvegarder notre existence terrestre. Il savait que les corps célestes pouvaient influencer négativement l'humain et que les enfants des ténèbres pouvaient modifier le cours de la nature (les lois de la nature, chasser le naturel il revient au galop). Aujourd'hui les agents sataniques ont changé de méthodes. Ils ne se limitent plus aux charmes autour du cou, à l'utilisation des amulettes mais ils tirent leurs pouvoirs des cieux ; De la même manière que les hommes se connectent au Net et obtiennent des informations de continents lointains, de même les pouvoirs maléfiques tirent des infos des cieux. Les agents du mal se connectent aux cieux pour exécuter leurs mauvaises activités. Ils dirigent leurs activités dans de telles dimensions. Et nous que faisons-nous alors ? Job 38, 12-13. Tu es supposé commander le matin pour arrêter la marée de la méchanceté. Si nous secouons la méchanceté sur la terre où elle est établie alors pourquoi ignorer celle des cieux. Si nous manquons de le faire qu'on le veuille ou non elle influencera ma vie et celle de ma postérité. Lorsque les pouvoirs des ténèbres découvrent qu'un chrétien n'a pas connaissance de ses droits dans le royaume de Dieu et même qu'il dispose des pleins pouvoirs pour régner sur toutes les forces de nature et sur tous les esprits, ils essaieront de l'exploiter

2- LES HOMMES ET LES FEMMES DE DIEU QUI ONT EXERCE LEUR DOMINATION SUR LES ŒUVRES DE LA CREATION

Pour les grands combats et pour les grandes délivrances et guérisons l'enfant de Dieu sera à coup sûr confronté aux puissances des cieux.

- **Moïse** Exode 10, 12-22 : territoire(main étendu sur le pays), sauterelles, main, verge, grêle, vent d'orient (vent tourbillonnant, éclair, commande de pluie donc maîtrise des éléments de la nature) toute la journée et toute la nuit, ce vent ramena des sauterelles en grandes quantités = les sauterelles étaient une plaie mortelle ; un vent d'occident très fort, mer rouge, ciel (main étendue vers le ciel), ténèbres que l'on peut toucher pendant trois jours (possibilités pour des années). Moïse en obéissant à l'Eternel (ordre de l'Eternel) dans ce texte a libéré les ténèbres sur le pays d'Egypte. Il était capable de confronter en agissant ainsi les puissances d'Egypte.
- **Déborah** Juges 5, 18-20 Bien qu'elle fut une femme, elle commanda les étoiles et les envoya en mission.
- **Elie** a exercé le contrôle sur les armées des cieux 2 Rois 1, 8-10.

- **Esaïe** 38, 8 le soleil recule de 10° du lieu où il était descendu.
- **Josué** 10, 12-13 Josué qui ordonne au soleil de s'immobiliser et à la lune de s'arrêter. Il exerce le pouvoir sur une des ordonnances des cieux à un endroit précis et sur un lieu précis.

Si nos frères et pères dans la foi ont pu contrôler ces éléments de la nature nous pouvons nous aussi exercer nos droits sur le soleil, la lune et les étoiles. L'on peut arrêter la pluie en l'empêchant de tomber, programmer les cieux et faire en sorte que les forces de la nature nous obéissent plutôt qu'au programme qui leur ont été confiés par exemple contre notre vie et notre destinée.

3- TEMOIGNAGES

A- Une sœur en Christ et les faiseurs de pluie : Il y a quelques années une sœur en Christ avait exercé ses droits en commandant la pluie. Elle a perdu son père et elle a décidé d'effectuer l'enterrement un jour particulier. Alors que les programmes d'enterrement se déroulaient, quelques agents démoniaques étaient venus les interrompre en leur disant qu'ils étaient des faiseurs de pluie. Ils ont demandé qu'on leur offre des chèvres, des poules vivants et une somme d'argent sinon ils allaient perturber le programme. La sœur s'est levé en disant : « Savez-vous qui suis-je ? » Vous ne pourrez rien interrompre, ni perturber le programme. Dieu m'a donné le pouvoir sur tous les éléments de la nature. Il se peut que vous essayiez mais vous échouerez. Les faiseurs de pluie repartirent en colère. Ils ont invoqué la pluie par des moyens diaboliques (en influençant les nuages et leurs positions). A la fin, la pluie est tombée, il y eut une inondation dans la région et elle a provoqué des dégâts énormes chez les trois faiseurs mais étrangement le lieu de l'enterrement a été épargné. La sœur a exercé son autorité sur les cieux et contre ceux des ténèbres.

B- L'enseignante et la lune : une sœur à la suite de cet enseignement donné auparavant à prier selon des points de prière. Dieu lui donna des révélations surprenantes à la suite de ces prières. Elle vit la maîtresse de ses enfants assise sur la lune. Dieu lui fit comprendre qu'elle avait programmé la lune contre ses enfants. Entretemps elle avait remarqué que ses enfants bien intelligents étaient devenus les plus faibles de la classe. Le lendemain elle alla directement à l'école de ses enfants pour menacer la maîtresse démoniaque. Elle lui dit : « Ecoutez-moi bien, je suis différente des autres parents. Je sais que vous aviez utilisé les pouvoirs que vous aviez tirés de la lune pour œuvrer contre mes enfants. J'en ai assez de vos attaques sur la mémoire de mes enfants. Je retourne à la maison pour prier. Si vous ne les laissez pas sortir de cette emprise démoniaque, vous aurez à faire face à des troubles réels. » On aurait pensé que la maîtresse porterait plainte contre la mère des enfants. Non, elle commença plutôt à trembler. Elle s'excusa à voix basse en disant : « Je n'ai jamais su que vous savez ce que nous avons fait. Je ne toucherai plus à vos enfants (cela sous-entend qu'elle touchera aux enfants des autres). Il y eut un retournement de situation. Les enfants de la sœur furent libérés. De nuls, ils devinrent brillants. La maîtresse satanique de ses enfants les a enlevés de l'emprise de toute manipulation faite à travers la lune. (Porter nos enfants dans la prière quotidiennement et constamment).

Des enfants de Dieu peuvent être manipulés par la connaissance qu'ont leurs adversaires ou leur entourage de leurs signes astrologiques ; et même si certains le font volontairement et d'autres juste pour avoir la faveur de ces derniers. Le cerveau d'une victime peut être transféré dans le deuxième ciel, son conjoint ou sa conjointe ; ses bénédictions, ses vertus et ses exaucements voir ses réponses y compris. C'est pour cette raison que Dieu a demandé à Job s'il avait ordonné au matin (une question capitale). Ce qui sous-entend que le matin peut-être programmé négativement ou dirigé pour des fonctions négatives dans la vie d'une personne. Bien aimés on comprend pourquoi les activités des satanistes, de la sorcellerie concordent avec la pleine lune ou la nouvelle lune (phénomène de crue et de décrue, troubles, stress....

IV- COMMANDER AU MATIN

Les matins ont des oreilles et ils entendent la voix des hommes et des esprits. Ils peuvent comprendre aussi bien les paroles négatives comme positives et en conséquence y répondre. On peut leur donner des ordres ou les incliner soit à droite soit à gauche. Le cours d'une journée dépend du commandement que vous lui avez donné. Pour ce faire, le chrétien se lève très tôt. Ce qui n'est pas le cas. La plupart du temps ce sont ses adversaires qui tôt le matin le réveillent en sursaut parce que attaqué ou oppressé eux. L'aube est le moment qui précède le lever du soleil. Etant la naissance du jour, elle peut recevoir des instructions et agir en retour conformément en conséquence. Ces ordonnances forcent la terre à vous assurer une heureuse journée. La majeure partie des défaites et des revers dont est victime l'enfant de Dieu à bien lieu quand il est encore sur sa couche.

EX : Avez-vous un examen à passer ? Levez-vous très tôt le matin et programmez-vous le succès en ce jour ? Si le chrétien a un défi au cours d'une journée, prenez autorité très tôt sur le matin. Les premières heures du matin exercent une influence sérieuse sur les vies humaines. Dans les villes aux activités intenses, les gens n'ont aucun contrôle sur les premières heures de la journée. La tendance moderne a amoindri les activités et les valeurs chrétiennes (plus de culte personnel, culte matinal ou culte familial, de partage biblique en famille entre parents et enfants. Ces activités étaient des moments pour que notre face rencontre celle de Dieu et que nous soyons remplis de sa présence. Les prières matinales ont pour but de soumettre tous les pouvoirs du jour et celles du soir toutes les puissances et les adversaires du soir.

Les satanistes et leur chef sont « incurables lève-tôt ». Ils sont fidèles à leur rendez-vous et à leurs temps de prière. A plus forte raison les enfants de Dieu doivent se lever tôt. Les adversaires des enfants de Dieu prennent le dessus le matin bien avant que ces derniers ne commencent le travail. En ordonnant au matin, ils s'accaparent du jour par des moyens diaboliques. Ils se réveillent tôt pour leurs activités destructrices et pour des incantations afin d'influencer le jour. Ils récitent des choses et ils crient dans le soleil, la lune et les étoiles. Ils passent leur temps à programmer assez de maux pour le jour contre tous et même contre les chrétiens. Au moment, où certains enfants de Dieu influencés se lèvent, ils ajoutent eux-mêmes du sel à leur ennui en confessant contre eux-mêmes des choses négatives ou ayant des pensées négatives contre les sujets de prière, leurs attentes, leur personne et leur vie. Inconsciemment, ils coopèrent avec les ouvriers de la méchanceté. Il n'est donc pas étonnant que de tels chrétiens moissonnent ou récoltent : la souffrance, la tragédie, la misère, la détresse au quotidien. Satan et ses agents parlent au matin comme s'il était une entité qui a des oreilles. Ils tiennent même des rencontres nocturnes dans le but de programmer les pouvoirs de la nuit contre les enfants de Dieu. Ils dominent les enfants de Dieu au point de commander le quotidien de plusieurs. S'Ils se lèvent vers cinq heures à quelle heure les enfants de Dieu doivent-ils se lever du lit.

Contrairement les enfants de Dieu pendant ce temps font des grasses matinées. Les croyants aujourd'hui sont plus conscients de leur forme, du thé et du cake voire du café pris très tôt le matin pour passer une bonne journée. Ils peuvent passer 30 minutes à boire du café ou à prendre des tisanes exotiques comme si leur vie en dépendait. Les conditions de transport dans les villes et les bouchons subis les conduisent à quelquefois 10 mn de prière. De plus, nous avons accordé plus de privilèges aux choses matérielles au point de ne pas capturer et contrôler le jour. On trouve quelquefois pour prétexte que les programmes bibliques ou ecclésiaux ne peuvent être adaptés au contexte actuel et qu'on n'a pas besoin de les exécuter car chaque chrétien est assez mûr pour prier et étudier seul la Parole de Dieu. Sur 100 enfants de Dieu peu prient efficacement par jour. Ne faisons plus nos prières de façon nonchalante, à moitié endormis ou éveillés. Deux minutes de prière précipitées peuvent-ils impacter positivement votre journée ou changer votre vie ou vous donner la victoire sur les pouvoirs des ténèbres. Réveillons-nous afin que la puissance de nos prières entre en collision avec les leurs et qu'ils soient obligés de se prosterner et d'abandonner leurs œuvres de destruction. Tu peux programmer toutes les bonnes choses que tu désires en un jour particulier et les amener à l'existence (comme faire retourner au non existence ce qui existe contre toi).

Dans nos différentes sociétés les occultes et tout ceux qui croient aux religions ésotériques voir orientales et surtout qui les pratiquent programment le jour en leur faveur. Les premières heures de la matinée sont manipulées et transformés en des armes de l'adversaire. De plus, ils manipulent le deuxième ciel pour décrocher des contrats importants, des postes de responsabilités, gagner des élections. Ils programment l'échec et même des créatures dans le corps de gens à leur insu Les prières de foi agressives chassent ces étrangers de leurs cachettes (puce électronique...Les chrétiens ne doivent plus passer leur temps à ronfler ou à se retourner dans leurs lits. Sinon, ils sortiront perdants.

Peut-on dominer ou commander un jour particulier quand on y fait très peu ou pas attention à notre relation avec Dieu et que ce jour nous file entre les doigts. Quelquefois la vie ou la destinée d'une personne se joue en un jour. La Bible nous enseigne que tout ce qui peut nous arriver ou les luttes que nous rencontrons peuvent ne pas être liés à des causes naturelles mais aussi spirituelles. Nous avons besoin quand nous sommes touchés moralement par le harcèlement d'un(e) collègue et affaiblis psychologiquement les ressources spirituelles acquises le matin nous empêchent. De même, nous pouvons éviter ces situations si nous avons eu le temps de commander à ce jour où nous les avons subies. Commander le matin c'est soumettre les pouvoirs méchants, les situations difficiles. Le chrétien ne peut pas prédominer sur les 24h d'un jour s'il laisse son adversaire s'emparer de quelques heures du matin

Témoignage : le cas réel d'une femme qui était sortie toute nue de sa maison. Elle a regardé le soleil, elle a levé son sein droit et elle a maudit son premier enfant qui vivait à l'étranger. Ensuite elle a levé le sein gauche pour maudire son deuxième enfant qui était aussi à l'étranger. Et comme si cela ne suffisait pas, elle a levé sa jambe gauche et elle a invoqué les cieux afin qu'ils agissent en défaveur de son troisième enfant qui de même vivait à l'étranger. Quelques jours après, les choses allaient très mal pour ses enfants. Les trois enfants sont expulsés des différentes nations où ils vivaient (qui a peur de ses parents ou d'un oncle ou d'une tante ou d'un membre de sa famille ou qui ici vient en aide à ses parents par peur des représailles de ces derniers contre lui ....). Fait assez étrange, les trois enfants arrivent à l'aéroport le même jour avec leurs femmes. Aujourd'hui les femmes et les trois enfants sont morts.

Il y a beaucoup de méchanceté dans les lieux célestes. La méchanceté est présente dans le deuxième ciel. Elle est prête à exécuter les missions qui lui sont ordonnées par les méchants agents humains. L'enfant de Dieu doit donc secouer la méchanceté des cieux afin de l'empêcher de l'affecter. Si tu veux exercer un contrôle définitif sur les puissances terrestres, tu dois contrôler les cieux. Tu as le pouvoir en tant qu'enfant de Dieu de mobiliser les ressources célestes à ton avantage quand tu provoques les cieux de venir à ton secours. Ces principes sont réels même si ils paraissent irrationnels. Dès que tu réussiras à commander le jour à ton profit, les jours, les mois, les années t'épanouiras.

V- LES SECRETS DE LA DOMINATION

1- L'Humilité 2 Chroniques 7, 14, demeurer dans la Parole et dans la volonté de Dieu. Connaître des versets bibliques.
2- Connaître son identité et sa position dans ce monde Col 1, 27
3- Dire ce que Dieu dit : Quand on ordonne aux cieux la confession est basée sur « Ainsi dit l'Eternel »
4- Manifester une foi violente Hébreux 11, 33-34
   Pour faire des exploits il ajouter la violence à sa foi. Faire des prières spécifiques et non générales

5- Vivre dans la sanctification : la sainteté s'oppose à toute contamination spirituelle.

Question : qu'est ce qui t'empêche de te lever tôt ? Comment peux-tu briser les enchantements et les ordonnances des satanistes programmées dans les cieux ?

Réponse : A-Tu peux te lever très tôt avant le lever du soleil et t'accaparer du jour en ta faveur. Après avoir accompli les désirs de ton cœur te coucher à nouveau. Christ se levait très tôt, David y compris on voit les conséquences au niveau de son ministère; B- donner des commandements à exécuter à la lettre aux cieux. Ainsi chaque jour vomira ses bénédictions, chaque heure coopérera avec le plan de Dieu pour ta vie. Au lieu d'être une victime des circonstances tu vivras une vie de vainqueur à la fin dans ton milieu. Tu pourras dire comme le psalmiste: Ps 16, 6.

CONCLUSION

Biens aimés un changement doit avoir lieu. Comme enfants de Dieu nous devons reprendre notre droit et notre position initiale sur terre et commencer à régner sinon les enfants des ténèbres continueront à nous torturer. Nous devons apprendre à faire entendre le son de notre voix au matin voir au jour et lui ordonner de coopérer avec nous. La volonté de Dieu est que nous exerçons la domination sur les esprits, les hommes et les forces de la nature. La découverte de ces profonds secrets introduit une nouvelle dimension dans notre vie. Plutôt que de permettre à Satan et à ses agents, les satanistes de nous opprimer en utilisant les forces de la nature, nous avons le devoir d'engager une bataille de contre offensive vers les portes des ennemis et de mettre fin à leurs actions. Nous avons besoin de la puissance du Saint-Esprit.

LE CRI DES LÈVE-TÔT

- Ô Seigneur, fais que je sois au repos, me confiant seulement en Toi.
- Ô Seigneur, grade-moi de m'appuyer et ne compte que sur mon propre entendement et intelligence.
- Ô Seigneur, délivres-moi de ce qui semble juste à me yeux, et délivre-moi ce qui est droit pour Toi.
- Ô Seigneur, renverse toute imagination et toutes choses élevées dans ma vie qui ne soient pas de Dieu.
- Ô Seigneur, purifie mes lèvres avec le feu du Saint-Esprit.
- Ô Seigneur, révèle-moi ces choses qui donnent aux ennemis un avantage sur moi.
- Ô Seigneur, fais que ma communion avec Toi devienne plus grande.
- Je m'approvisionne à partir des ressources célestes aujourd'hui, au nom de Jésus.
- Ô Seigneur, permets-moi de devenir la personne que Tu m'as créée à être.

- Je me soumets entièrement à Toi dans tous les domaines de ma vie, au nom de Jésus.
- Je me lève contre toute opération satanique empêchant mes prières, au nom de Jésus.
- Satan, je refuse ton implication dans ma vie de prière, au nom de Jésus.
- Satan, je t'ordonne de partir de ma présence avec tous tes démons, au nom de Jésus.
- Je mets le sang de Jésus-Christ entre toi et moi, Satan.
- Père Eternel, ouvres mes yeux pour que je voie combien Tu es grand, au nom de Jésus.
- Je déclare que Satan et ses esprits méchants sont sous mes pieds, au nom de Jésus.
- Je revendique la victoire de la croix pour ma vie aujourd'hui, au nom de Jésus.
- Empreinte satanique dans ma vie, sois démantelée par le feu, au nom de Jésus.
- Je me défais de toute forme de faiblesse, au nom de Jésus.
- Seigneur Jésus, viens dans ma vie par le feu. Brises toute idole et chasses tout adversaire.

- Esprit malin projetant de me dérober de la volonté de Dieu, tombe et meurs, au nom de Jésus.
- J'éventre la forteresse de Satan contre ma vie, au nom de Jésus.
- Je brise en morceaux tout plan de Satan formé contre moi, au nom de Jésus.
- Je brise la forteresse de Satan façonnée contre mon corps, au nom de Jésus.
- Ô seigneur, fais que je sois le type de personne qui t'est agréable.
- Saint-Esprit, amène toute l'œuvre de la pentecôte et de la résurrection dans ma vie aujourd'hui, au nom de Jésus.
- Puissance de la sorcellerie, je te chasse dans les ténèbres lointaines, au nom de Jésus.
- Je confonds tout poursuivant entêté, au nom de Jésus.
- Je rends inopérante toute puissance qui maudit mon destin, au nom de Jésus.

- Je frappe de chaos et de confusion toute puissance du mal siphonnant ma bénédiction, au nom de Jésus.
- J'annule l'incantation des consultants spirituels maléfiques, au nom de Jésus.
- Je désorganise tout appareil de sorcellerie domestique, au nom de Jésus.
- Je rends toutes les armes sataniques locales inoffensives, au nom de Jésus.
- Je reçois la délivrance de tout esprit d'anxiété, au nom de Jésus.
- Je lie tout esprit de stagnation mentale, au nom de Jésus.
- Je me libère du pouvoir et l'autorité de toute malédiction, au nom de Jésus.
- Je renonce à toutes les alliances impies impliquant ma vie, au nom de Jésus.
- Je saisis tout problème persistant et le brise contre le Rocher du Salut, au nom de Jésus.
- J'annule tout sacrifice au démon utilisé contre moi, au nom de Jésus.

- Puissance qui maudit mon destin, sois réduite au silence, au nom de Jésus.
- Je brise le pouvoir de tout encens brûlé contre moi, au nom de Jésus.
- Que tout python spirituel aille dans le désert ardent et soit brûlé, au nom de Jésus.
- Que le sang de Jésus empoisonne la racine de mes problèmes, au nom de Jésus.
- Je repars à l'Adam et l'Eve des deux côtés de ma lignée familiale et coupe toute racine de mal, au nom de Jésus.
- J'inverse tout fonctionnement anormal des organes de mon corps, au nom de Jésus.
- Que tout contrat du mal à l'œuvre contre ma vie soit réécrit par le sang de Jésus.
- J'inverse tout calendrier satanique pour ma vie, au nom de Jésus.
- Que tout ce que mes ancêtres ont fait pour souiller ma vie soit démantelé à l'instant, au nom de Jésus.
- Je refuse d'être au bon endroit au mauvais moment, au nom de Jésus.

- Je lie toute énergie négative dans les airs, les eaux et sous la terre à l'œuvre contre moi, au nom de Jésus.
- J'isole et lie maintenant tout ce qui dans le royaume des ténèbres a fait de mon annihilation sa priorité, au nom de Jésus.
- Sois lié par des chaînes que nul ne peut briser, au nom de Jésus.
- Je te débarrasse de ton armure spirituelle, au nom de Jésus.
- Perds le soutien des autres puissances du mal, au nom de Jésus.
- Tu n'as plus rien à avoir avec moi, au nom de Jésus.
- Seigneur Jésus, je te remercie pour la victoire.
- J'ai retiré à Satan tout droit de signature en mon nom, au nom de Jésus.
- Je proclame que mon nom est inscrit dans le livre de vie de l'Agneau, au nom de Jésus.
- Je renonce à toute cérémonie concernant mon mariage avec satan, au nom de Jésus.

COMMANDER LE MATIN
- Je prends autorité sur ce jour, au nom de Jésus.
- Je fais appel aux ressources du Ciel aujourd'hui, au nom de Jésus.
- Je confesse que ce jour est le jour que le Seigneur a fait. Je me réjouirais et en serais heureux, au nom de Jésus.
- Je décrète que tous les éléments de ce jour vont coopérer avec moi, au nom de Jésus.
- Je décrète que ce jour, toutes ces forces élémentaires vont refuser de coopérer avec mes ennemis, au nom de Jésus.
- Je m'adresse à vous, soleil, lune et étoiles: ne frappez pas ma famille et moi aujourd'hui, au nom de Jésus.
- Je renverse toute énergie négative visant à agir contre ma vie aujourd'hui, au nom de Jésus.
- Je démantèle toute puissance proférant des incantations pour capturer ce jour, au nom de Jésus.
- Je rends nulles et vides de telles incantations et prières sataniques sur ma famille et moi, au nom de Jésus.

- Je retire ce jour de leurs mains, au nom de Jésus.
- Esprit de faveur, de conseil, de force et de puissance, descendez sur moi, au nom de Jésus.
- Je vais exceller ce jour, et rien ne me souillera, au nom de Jésus.
- Je prends possession des portes de mes ennemis, au nom de Jésus.
- Le Seigneur va m'oindre avec une huile de joie, au-dessus des autres, au nom de Jésus.
- Le feu de l'ennemi ne me brûlera pas, au nom de Jésus.
- Mes oreilles entendront de bonnes nouvelles, je n'entendrais pas la voix de l'ennemi, au nom de Jésus.
- Mon avenir est assuré en Christ, au nom de Jésus.
- Mon Dieu m'a crée afin d'accomplir certains services précis. Il a confié à mes mains certaines tâches qu'Il n'a confiées à personne d'autre. Il ne m'a pas crée pour rien. Je ferais le bien, j'accomplirais Son œuvre. Je serais un agent de

paix. Je me confierais à Lui dans tout ce que je ferais, où que je sois. Je ne peux ni être jeté, ni diminué, au nom de Jésus.
- Il n'y aura aucune pauvreté du corps, de l'âme et de l'esprit dans ma vie, au nom de Jésus.
- L'onction de Dieu sur ma vie me donne faveur et grâce devant Dieu et les hommes tous les jours de ma vie, au nom de Jésus.
- Je ne travaillerais pas en vain, au nom de Jésus.
- Je marcherais tous les jours dans la victoire et la liberté d'esprit, au nom de Jésus.
- Je reçois une bouche et une sagesse contre lesquelles mes adversaires seront incapables de résister, au nom de Jésus.
- Que toute bataille dans les lieux célestes soit remportée en faveur des anges qui convoient mes bénédictions aujourd'hui, au nom de Jésus.
- Ô Seigneur, que le méchant soit expulsé de mon Ciel, au nom de Jésus.
- Ô Soleil, déracine toute méchanceté dirigée contre ma vie en apparaissant aujourd'hui, au nom de Jésus.

- Je programme des bénédictions dans le soleil pour ma vie, au nom de Jésus.
- Ô soleil, je me suis levé avant toi et j'annule tout programme malin projeté en toi par les puissances méchantes contre ma vie, au nom de Jésus.
- Ce jour : tu ne détruiras pas ma prospérité, au nom de Jésus.
- Ô Soleil, lune et étoiles, ramenez vos afflictions à leur expéditeur et libérez-les contre lui, au nom de Jésus.
- Ô Dieu, lève-toi et déracine tout ce que Tu n'as pas planté dans les lieux célestes et qui œuvre contre moi, au nom de Jésus.
- Que le méchant soit ébranlé et expulsé jusqu'aux extrémités de la terre, au nom de Jésus.
- Ô soleil, avec ton apparition, déracine toute la méchanceté qui s'érige contre ma vie, au nom de Jésus.
- Je programme des bénédictions dans le soleil, la lune et les étoiles pour ma vie aujourd'hui, au nom de Jésus.

- Ô soleil, annule tout programme journalier méchant élaboré contre moi, au nom de Jésus.
- Ô soleil, tourmente tout ennemi du royaume de Dieu dans ma vie, au nom de Jésus.
- Jette loin, Ô soleil, tous ceux qui passent la nuit à m'abattre, au nom de Jésus.
- Composants de ce jour, vous ne me ferez aucun mal, au nom de Jésus.
- Ô Cieux, vous ne déroberez rien de ma vie, au nom de Jésus.
- J'établis le pouvoir de Dieu sur les Cieux, au nom de Jésus.
- Ô soleil, lune et étoiles, combattez les forteresses de sorcellerie dirigées contre moi aujourd'hui, au nom de Jésus.
- Ô Lieux célestes, tourmentez tout ennemi non repentant jusqu'à la soumission, au nom de Jésus.
- Ô Cieux, combattez les forteresses de sorcellerie, au nom de Jésus.
- Je renverse tout autel du mal dans les lieux célestes, au nom de Jésus.

- Que tout chaudron dans les étoiles, la lune et le soleil soit brisé, au nom de Jésus.
- Que tout paragraphe du mal dans les cieux soit brisé, au nom de Jésus.
- Ô Dieu, lève-toi et détruis tout autel astral, au nom de Jésus.
- Je détruis toute connexion satanique entre les lieux célestes et mon lieu de naissance, au nom de Jésus.
- Que toute méchanceté spirituelle dans les lieux célestes qui se fortifierait contre mon destin et moi aujourd'hui soit mise en disgrâce par le sang de Jésus.
- Ainsi parle l'Eternel: *"Qu'aucune principauté, puissance, gouvernement des ténèbres, méchanceté spirituelle dans les lieux célestes et sociale ne me trouble, car je porte dans mon corps, les marques de l'Agneau de Dieu, au nom de Jésus."*
- Je renverse toute puissance obscure cachée dans les lieux célestes contre moi, au nom de Jésus.
- Je fais tomber toute puissance suspendue ou flottant dans les lieux célestes contre moi, au nom de Jésus.

Par Dr. D. K. Olukoya

A PROPOS DU DR D.K. OLUKOYA

Le Dr. D.K. Olukoya est Pasteur principal et Superviseur Général des Ministères de la Montagnes de Feu et des Miracles et des Ministères du Cri de Guerre. Il est titulaire d'une licence de Microbiologie de l'Université de Lagos au Nigeria, et d'un doctorat dans le domaine de Génétique Moléculaire de l'Université de Reading, au Royaume Uni. Comme chercheur, il a plus de quatre-vingts publications à son actif.

Oint par Dieu, le Dr. Olukoya est un enseignant, un prophète, un évangéliste et un prédicateur de la Parole de Dieu. Sa vie et celle de sa femme, Shade, et leur fils, Elijah Toluwani, sont des preuves vivantes que tout pouvoir est à Dieu.

A PROPOS DU MINISTERE DE LA MONTAGNE DE FEU ET DES MIRACLES

Le **Ministère de la Montagne de Feu et des Miracles** (MFM) est un Ministère du Plein Evangile consacré au réveil des signes apostoliques, aux œuvres et miracles du Feu du Saint Esprit et à la démonstration illimitée de la puissance de Dieu à délivrer au-delà de toute mesure. On y enseigne ouvertement la Sainteté absolue à l'intérieur et à l'extérieur comme étant le plus grand désinfectant spirituel et une condition préalable pour aller au Ciel.

MFM est un Ministère Evangélique de " faites-le vous-même " où vos mains sont entraînées au combat et vos doigts à la bataille.

Brève histoire du Ministère de la Montagne de Feu et des Miracles

Le Ministère de la Montagne de Feu et des Miracles fut fondé en 1989. La première réunion s'était tenue au domicile du Dr. Olukoya, à laquelle avaient assisté 24 personnes. L'église a ensuite emménagé au N°60, Old Yaba Road, Lagos, puis au site de la

Par Dr. D. K. Olukoya

Direction Générale actuelle, le 24 Avril 1994.

La Direction Générale du Ministère de la Montagne de Feu et des Miracles est la plus grande congrégation Chrétienne en Afrique capable de contenir plus de 200.000 fidèles en un seul culte.

Le **Ministère de la Montagne de Feu et des Miracles** (MFM) est un Ministère du Plein Evangile consacré au réveil des signes apostoliques, aux œuvres et miracles du Feu du Saint Esprit et à la démonstration illimitée de la puissance de Dieu à délivrer au-delà de toute mesure. On y enseigne ouvertement la Sainteté absolue à l'intérieur et à l'extérieur comme étant le plus grand désinfectant spirituel et une condition préalable pour aller au Ciel.

MFM est un Ministère Evangélique de " faites-le vous-même " où vos mains sont entraînées au combat et vos doigts à la bataille.

www.ingramcontent.com/pod-product-compliance
Lightning Source LLC
Chambersburg PA
CBHW071308060426
42444CB00034B/1739